WISSEN FÜR DIE PRAXIS

Weiterführend empfehlen wir:

Rechte und soziale Absicherung pflegender Angehöriger
ISBN 978-3-8029-4172-6

Schwerbehindertenausweis erfolgreich beantragen
ISBN 978-3-8029-4146-7

Das richtige Hilfsmittel für mich
ISBN 978-3-96186-7589-9

Weitere Titel unter: www.WALHALLA.de

Wir freuen uns über Ihr Interesse an diesem Buch. Gerne stellen wir Ihnen zusätzliche Informationen zu diesem Programmsegment zur Verfügung.
Bitte sprechen Sie uns an:
E-Mail: WALHALLA@WALHALLA.de
http://www.WALHALLA.de
Walhalla Fachverlag · Haus an der Eisernen Brücke · 93042 Regensburg
Telefon 0941 5684-0 · Telefax 0941 5684-111

WALHALLA

Carmen P. Baake

Wegweiser Pflegefall – Schnelle Hilfe für Angehörige

Unterstützungsmöglichkeiten – Organisation – Kosten
Leistungen der Kranken- und Pflegekasse

2., aktualisierte Auflage
WALHALLA Rechtshilfen

Bibliografische Information der Deutschen Nationalbibliothek
Die Deutsche Nationalbibliothek verzeichnet diese Publikation in der Deutschen Nationalbibliografie; detaillierte bibliografische Daten sind im Internet über www.dnb.de abrufbar.

Zitiervorschlag:
Carmen P. Baake, Wegweiser Pflegefall – Schnelle Hilfe für Angehörige
Walhalla Fachverlag, Regensburg 2023

Hinweis: Unsere Werke sind stets bemüht, Sie nach bestem Wissen zu informieren. Alle Angaben in diesem Buch sind sorgfältig zusammengetragen und geprüft. Durch Neuerungen in der Gesetzgebung, Rechtsprechung sowie durch den Zeitablauf ergeben sich zwangsläufig Änderungen. Bitte haben Sie deshalb Verständnis dafür, dass wir für die Vollständigkeit und Richtigkeit des Inhalts keine Haftung übernehmen.
Bearbeitungsstand: November 2023

2., aktualisierte Auflage

Produktion: Walhalla Fachverlag, 93042 Regensburg
Printed in Germany
ISBN 978-3-8029-4167-2

Inhaltsverzeichnis

Vorwort

Vor einigen Tagen habe ich mich an einen Vorfall erinnert, der wesentlich dazu beigetragen hat, dass ich heute Ratgeber zu Leistungen der gesetzlichen Krankenversicherung und sozialen Pflegeversicherung schreibe. Es war eine Begebenheit, wie Sie jederzeit passieren kann, in der Familie, im Freundeskreis, in der Nachbarschaft. Der Tag hatte wie jeder andere begonnen. Ich hatte mir Kaffee gemacht und stand, die Tasse in der Hand, auf unserer Terrasse. Meine Nachbarin goss ihre Hortensien. Ich winkte zu ihr hinüber, doch sie reagierte nicht. Das war seltsam. Als ich genauer hinsah, bemerkte ich, dass sie sich schwerfällig bewegte und mehrmals an die Brust griff. Der unangenehme Gedanke es könnte vielleicht ein Herzinfarkt sein durchfuhr mich. Ich fragte sie, ob alles in Ordnung sei. Doch sie winkte ab. Sie habe sich in der Nacht nur verlegen, das würde sich im Laufe des Tages sicher geben. Ich bestand dennoch darauf, dass ich mittags bei ihr klingeln würde, um zu sehen, ob mit ihr alles in Ordnung sei und schärfte ihr ein, auf jeden Fall den Notruf zu wählen, falls es ihr bis dahin noch schlechter ginge. Sie nickte, stellte die Gießkanne ab und schlich in ihr Haus. Eine Stunde später hörte ich die Sirene eines Rettungswagens. Er hielt vor dem Haus meiner Nachbarin. Nach wenigen Minuten sah ich wie die Rettungssanitäter meine Nachbarin auf der Trage zum Rettungswagen fuhren. Ich eilte hinaus, um zu fragen, in welches Krankenhaus sie gebracht wird. Doch zu spät. Mit Blaulicht und Sirene war der Rettungswagen schon losgefahren. Umgehend informierte ich Kathrin, die Tochter meiner Nachbarin., die aus allen Wolken fiel und noch am selben Tag aus dem 700 km entfernten Bremen anreisen wollte. Ich bot ihr an, sie zu unterstützen, wenn sie Fragen zu möglichen Leistungen der Kranken- und Pflegeversicherung habe oder zu den dazu erforderlichen Anträgen. Schon am nächsten Morgen klingelte Kathrin bei mir. Sie hatte ihre Mutter am Vorabend noch einige Minuten im Krankenhaus auf der Intensivstation besuchen können und hatte viele Fragen. Was würde passieren, wenn der Arzt oder die Ärztin sagt, dass ihre Mutter ab sofort ohne die Unterstützung anderer nicht mehr in ihrem Haus würde leben können? Sie könne diese Unterstützung auf Dauer nicht leisten, das stand fest. Aber was, wenn es nicht anders ginge? Schritt für Schritt erklärte ich ihr, wie sie weiter vorgehen könne, welche Leistungen der Kranken- und Pflegeversicherung für ihre Mutter möglicherweise infrage kommen und an wen sie sich wenden müsse. Dabei wurde schnell deutlich wie verwirrend die unterschiedlichen Leistungen, Antragsverfahren, Ansprechpartner etc. für Menschen wie Kathrin sind, die sich noch nie mit ihnen befassen mussten. Und das war der Moment, in dem ich beschloss, einen Ratgeber genau zu diesem Thema zu schreiben, der Betroffenen hilft, die Fragen schnell zu klären, z. B.

- Wer kann mich beraten?
- Was muss ich beachten, wenn ich die weitere Versorgung plane?
- Welche finanzielle Unterstützung ist möglich und wo kann ich diese beantragen?
- Welche Hürden muss ich auf dem Weg zur geeigneten Lösung eventuell überwinden?

Kurzum: Einen Wegweiser wie den, den Sie jetzt in Ihren Händen halten.

Gern hätte ich diesen Wegweiser mit den Worten beworben: „Einfach und schnell die weitere Versorgung planen und Ansprüche durchsetzen." Doch das wäre eine Lüge gewesen. Denn einfach und schnell geht besonders bei Kranken- und Pflegekassen selten etwas. Umso wichtiger ist es, dass Sie von vornherein den richtigen Weg einschlagen und keine zusätzliche Zeit dadurch verlieren, dass Sie sich im Irrgarten der gesetzlichen Möglichkeiten verlaufen. Dieser Wegweiser richtet sich vorrangig an Angehörige eines geliebten Menschen, der auf fremde Hilfe angewiesen ist. Geht es um Leistungen der Pflegeversicherung, spreche ich aber auch diejenigen an, für die diese Leistungen beantragt werden sollen. Denn die Begutachtung, bei der geprüft wird, ob Ihr Angehöriger pflegebedürftig sind, verläuft nach meiner Erfahrung am erfolgreichsten, wenn Ihr Angehöriger weiß, worauf es dabei ankommt.

Carmen P. Baake

Abkürzungen

Abs.	Absatz
BGB	Bürgerliches Gesetzbuch
BRi	Begutachtungs-Richtlinien
e. V.	eingetragener Verein
EStG	Einkommensteuergesetz
EU	Europäische Union
EWG	Europäischer Wirtschaftsraum
FPfZG	Familienpflegezeitgesetz
GdB	Grad der Behinderung
GdS	Grad der Schädigung
KV	Kassenärztliche Vereinigung
MD	Medizinischer Dienst
MdE	Minderung der Erwerbsfähigkeit
MDK	(vormals) Medizinischer Dienst der Krankenversicherung
PflegeZG	Pflegezeitgesetz
PG	Pflegegrad
PV	Pflegeversicherung
SAPV	Spezialisierte ambulante Palliativversorgung
SGB II	Sozialgesetzbuch – Zweites Buch (Bürgergeld, Grundsicherung für Arbeitsuchende)
SGB III	Sozialgesetzbuch – Drittes Buch (Arbeitsförderung)
SGB V	Sozialgesetzbuch – Fünftes Buch (Gesetzliche Krankenversicherung)
SGB VI	Sozialgesetzbuch – Sechstes Buch (Gesetzliche Rentenversicherung)
SGB VII	Sozialgesetzbuch – Siebtes Buch (Gesetzliche Unfallversicherung)
SGB IX	Sozialgesetzbuch – Neuntes Buch (Rehabilitation und Teilhabe von Menschen mit Behinderungen)

SGB XI	Sozialgesetzbuch – Elftes Buch (Soziale Pflegeversicherung)
SGB XII	Sozialgesetzbuch – Zwölftes Buch (Sozialhilfe)
WBVG	Wohn- und Betreuungsvertragsgesetz

1.

Diese Begriffe sollten Sie kennen

1

Überblick

Geht es um Leistungen von Kranken- und Pflegekassen, werden Ihnen häufig Begriffe begegnen, die Sie nicht kennen. Das kann in Gesprächen mit Sachbearbeitern vorkommen oder in Antragsformularen.

Damit Sie wissen, wovon der Sachbearbeiter spricht bzw. was in einem Formular erfragt wird, und der Sachbearbeiter direkt versteht, um was es Ihnen geht, ist es hilfreich, dass Sie diese Begriffe kennen. So sprechen Sie von Anfang an mit dem Sachbearbeiter eine gemeinsame Sprache.

Ich stelle die Erklärung der häufigsten Fachbegriffe an den Beginn des Wegweisers. Wenn Sie bereits Leistungen der Kranken- oder Pflegekasse bekommen, kennen Sie sicher bereits einige der folgenden Begriffe. Vielleicht ist dennoch der ein oder andere Hinweis für Sie interessant.

Hauswirtschaftliche Versorgung

Die hauswirtschaftliche Versorgung oder auch Hilfe bei der Haushaltsführung ist noch am einfachsten zu verstehen. Jeder kennt schließlich die Hauswirtschafterin oder auch die Haushaltshilfe.

Hinter diesem Begriff verbergen sich alle Arbeiten rund um den Haushalt, wie z. B.

- Reinigung der Wohnräume, der Küche und des Bades,
- Wäsche waschen, bügeln, reparieren und wegräumen,
- Müll aus der Wohnung bringen,
- Einkaufen von Lebensmitteln, Getränken, Drogerieartikeln,
- Kochen bzw. Anrichten von Mahlzeiten sowie
- Geschirr spülen und in die Schränke räumen.

Die Pflege des eigenen Gartens gehört hingegen im Verständnis der Kranken- und Pflegekassen nicht zur hauswirtschaftlichen Versorgung, ebenso wie die Pflege und Versorgung von Haustieren.

Zudem wird hauswirtschaftliche Versorgung von den Kranken- und Pflegekassen nur in einem Umfang akzeptiert, der allgemein üblich ist.

Neben der reinen hauswirtschaftlichen Tätigkeit umfasst die im Bereich der Pflegeversicherung verwendete Hilfe bei der Haushaltsführung z. B. zusätzlich

- Unterstützung bei der Organisation von Dienstleistern wie z. B. Essen auf Rädern, Fußpflege, Handwerker, Friseur,
- Hilfe beim Ausfüllen von Anträgen und im Umgang mit Behörden wie z. B. Hilfe beim Ausfüllen des Antrags auf Leistungen der Pflegeversicherung sowie
- Unterstützung bei einfachen Bank-/Sparkassenangelegenheiten.

Grundpflege/körperbezogene Pflegemaßnahmen

Der Begriff „Grundpflege" wird Ihnen z. B. im Zusammenhang mit Leistungen der Krankenkasse begegnen. Im Zusammenhang mit Leistungen der Pflegeversicherung wird anstelle des Begriffs „Grundpflege" seit dem 01.01.2017 die Begriffe „körperbezogene Pflegemaßnahmen" sowie „Selbstversorgung" verwendet. Wenn Sie beim Lesen des Begriffs „Selbstversorgung" an einen Bauernhof denken, dessen Bewohner sich mit den dort angebauten Gemüsen/Früchten und den eigenen Hühnern selbst versorgen, liegen Sie falsch.

Gemeint ist mit allen diesen Begriffen die Hilfe durch andere Personen, die aufgrund von Krankheit oder Behinderung in folgenden Bereichen erforderlich ist:

- Körperpflege (z. B. Waschen, Duschen/Baden, An- und Auskleiden, Toilettengang)
- Ernährung (z. B. Zerteilen der Nahrung in mundgerechte Bissen, Eingießen von Getränken, direkte Hilfe beim Essen und Trinken in Form des Anreichens von Speisen und Getränken durch eine andere Person)
- Mobilität (z. B. Bereitstellen von Gehstützen/Rollator/Rollstuhl, Hilfe beim Aufstehen und Hinsetzen/-legen, Unterstützung beim Gehen/Fortbewegen im Wohnbereich und beim Treppensteigen)

Hilfe durch eine andere Person

Vor allem im Zusammenhang mit Leistungen der Pflegeversicherung wird oft von Hilfe durch eine andere Person gesprochen. Doch was ist damit eigentlich gemeint?

Gemeint ist die Unterstützung durch andere Personen in Form von

- der teilweisen oder vollständigen Übernahme einer Alltagshandlung, z. B. muss eine andere Person beim Anziehen des Unterkörpers dabei helfen, die Schnürsenkel der Schuhe zuzubinden, oder beim Anziehen des Oberkörpers dabei unterstützen, Knöpfe zu schließen, und
- der Motivation, Beaufsichtigung oder Anleitung mit dem Ziel, dass die unterstützte Person eine Alltagshandlung beginnt und bis zum Ende in der richtigen Reihenfolge bewältigt, z. B. erinnert eine andere Person daran, sich die Zähne zu putzen und sagt bei Bedarf die einzelnen Schritte an – also Zahnbürste in die Hand nehmen, kurz unter Wasser halten, Zahnpastatube öffnen, einen Klecks Zahnpaste auf die Zahnbürste geben usw.

Gibt die andere Person Hilfestellung, obwohl diese nicht erforderlich ist, ist das allerdings keine Hilfe, die von Kranken- und Pflegekassen berücksichtigt wird. Eine solche Hilfestellung kann z. B. dann vorliegen, wenn eine andere Person der unterstützten Person Schuhe und Jacke rasch anzieht, obwohl die so unterstützte Person das noch selbst kann – auch wenn es dann länger dauert.

Häusliche Krankenpflege/Behandlungspflege

Die häusliche Krankenpflege wird oft mit der Pflege zu Hause im Sinne der Pflegeversicherung verwechselt.

Bei der häuslichen Krankenpflege handelt es sich jedoch um Maßnahmen, die von professionellen Pflegekräften des Pflegedienstes geleistet werden. Diese Maßnahmen werden von Ihrem Arzt verordnet und dienen der Behandlung Ihrer Erkrankung/en. Die Verordnung muss bei der Krankenkasse zur Genehmigung eingereicht werden.

Verordnet werden

- Behandlungspflegen, wie z. B. Insulininjektionen, Vorbereiten der Medikamente in einer Medikamentenbox, Anlegen und Wechseln von Wundverbänden, und
- Grundpflege und hauswirtschaftliche Versorgung, wenn dadurch ein Krankenhausaufenthalt vermieden oder verkürzt wird oder die Krankenkasse die Kosten dafür im Rahmen einer Übergangspflege übernimmt.

Häusliche Krankenpflege wird nur verordnet, wenn der betroffene Angehörige selbst oder eine in seinem Haushalt lebende Person die Maßnahmen nicht übernehmen können.

Die häusliche Krankenpflege muss von Ihrer Krankenkasse genehmigt werden.

Übergangspflege

Seit dem 01.01.2016 haben Patienten, die keine Leistungen der Pflegeversicherung erhalten, Anspruch auf Übergangspflege. Diese Übergangspflege kann

- als Grundpflege und hauswirtschaftliche Versorgung im Rahmen der häuslichen Krankenpflege oder
- als Haushaltshilfe für bis zu vier Wochen

vom behandelnden Arzt verordnet werden. Voraussetzung dafür ist, dass der Patient zuvor in einem Krankenhaus behandelt oder ambulant operiert wurde und keine andere Person in Ihrem Haushalt lebt, die Ihnen helfen kann.

Genügen die im Rahmen der häuslichen Krankenpflege oder Haushaltshilfe verordneten Leistungen nicht, kann der Arzt auch Kurzzeitpflege in einer stationären Pflegeeinrichtung verordnen.

Zudem können bis zu zehn Tage Übergangspflege im Krankenhaus ärztlich angeordnet werden, wenn die zuvor genannten Maßnahmen oder Leistungen der Pflegeversicherung für die Pflege zu Hause nach einer stationären Krankenhausbehandlung nicht ausreichen oder nur mit einem unzumutbar hohen Aufwand realisiert werden könnten.

Demenz/kognitive Fähigkeiten

An der Überschrift sehen Sie bereits, wie die – für Leistungen der Pflegeversicherung relevanten – Beeinträchtigungen der kognitiven Fähigkeiten häufig bezeichnet werden: als Demenz.

Das ist jedoch nicht korrekt. Zwar sind bei fortschreitender Demenz die kognitiven Fähigkeiten erheblich eingeschränkt. Sie können aber auch aufgrund einer geistigen Behinderung oder einer psychischen

Erkrankung in einem für die Pflegeversicherung relevanten Maße eingeschränkt sein.

Hilfsmittel

Hilfsmittel sind technische Hilfen, mit denen die durch Krankheit oder Behinderung verursachten körperlichen Einschränkungen

- ausgeglichen werden, z. B. Hörgeräte, Prothesen, oder
- gelindert werden, z. B. Bandagen, Gehhilfen, Rollstuhl, Vorlagen und aufsaugende Unterhosen bei Inkontinenz.

Hilfsmittel werden vom Arzt verordnet und müssen von der Krankenkasse genehmigt werden.

Pflegehilfsmittel

Mit Pflegehilfsmitteln sind technische Hilfen gemeint, die dazu beitragen, die Pflege zu erleichtern. Das sind z. B. Badewannenlifter, Pflegebetten, Toilettenstuhl und Rückenstützen.

Pflegehilfsmittel werden von der Pflegekasse bezahlt. Sie können von einem Arzt verordnet werden, müssen aber nicht. Empfiehlt der Gutachter, der die Pflegebedürftigkeit prüft, im Gutachten ein Pflegehilfsmittel, wird diese Empfehlung direkt als Antrag an die Pflegekasse weitergeleitet, wenn die begutachtete Person zustimmt. Größere Pflegehilfsmittel wie z. B. Pflegebetten werden in der Regel aus dem Lagerbestand der Pflegekasse bzw. des von ihr beauftragten Lieferanten leihweise zur Verfügung gestellt.

Doppelfunktionale Hilfsmittel

Diese Hilfsmittel können sowohl zum Ausgleich oder zur Verminderung von körperlichen Einschränkungen aufgrund von Krankheit oder Behinderung verordnet werden als auch der Erleichterung der Pflege dienen. Das können z. B. Toilettensitzerhöhung oder Badewannenlifter sein.

Die Unterscheidung kann schwierig sein. Darum dauerte es bei diesen Hilfsmitteln früher sehr lange, bevor die Krankenkasse oder die Pflegekasse sich zu einer Kostenübernahme bereit erklärt hat. Sie schoben sich nämlich die Anträge auf solche Hilfsmittel wochenlang gegenseitig mit dem Vermerk „nicht zuständig“ zu. Die Folge war, dass diese Hilfsmittel manchmal erst dann genehmigt wurden, wenn derjenige, der sie beantragt hatte, bereits verstorben war.

Diesem unwürdigen Hin und Her wurde inzwischen Einhalt geboten. Nun muss die Kasse entscheiden, die den Antrag zuerst bekommt.

Wird das Hilfsmittel ärztlich verordnet und die Verordnung der Krankenkasse zur Genehmigung eingereicht, muss diese auch für die Pflegekasse prüfen und entscheiden.

Wird das Hilfsmittel bei der Pflegekasse beantragt, muss diese auch für die Krankenkasse prüfen und entscheiden. Dazu wird sie bei Ihrem Angehörigen eventuell noch eine ärztliche Verordnung anfordern.

Es ist darum immer besser, für diese Hilfsmittel von vornherein eine ärztliche Verordnung zu haben.

Pflegebedürftig

Die Begriffe „Pflegebedürftigkeit“ bzw. „pflegebedürftig“ sind Fachbegriffe der sozialen Pflegeversicherung. Sie sind im Elften Buch Sozialgesetzbuch definiert. Dieses Buch wird in Kurzform auch SGB XI genannt.

Pflegebedürftig sind danach Menschen, die aufgrund gesundheitlicher Beeinträchtigungen dauerhaft in ihrer Selbstständigkeit und ihren Fähigkeiten beeinträchtigt sind und darum die Hilfe anderer Menschen im Alltag brauchen. Ob Ihr Angehöriger pflegebedürftig ist, prüft ein Gutachter. Dieser wird von der Pflegekasse beauftragt, sobald dort Leistungen der Pflegeversicherung beantragt wurden.

Pflegegrad

Ergibt die Prüfung des Gutachters, den die Pflegekasse beauftragt hat, dass Ihr Angehöriger pflegebedürftig ist, wird er zusätzlich feststellen, in welchem Maße seine Selbstständigkeit und seine Fähigkeiten beeinträchtigt sind. Danach vergibt er einen Pflegegrad. Es gibt 5 Pflegegrade. Diese sind:

- Pflegegrad 1 bei geringen Beeinträchtigungen der Selbstständigkeit oder der Fähigkeiten
- Pflegegrad 2 bei erheblichen Beeinträchtigungen der Selbstständigkeit oder der Fähigkeiten
- Pflegegrad 3 bei schweren Beeinträchtigungen der Selbstständigkeit oder der Fähigkeiten
- Pflegegrad 4 bei schwersten Beeinträchtigungen der Selbstständigkeit oder der Fähigkeiten
- Pflegegrad 5 bei schwersten Beeinträchtigungen der Selbstständigkeit oder der Fähigkeiten mit besonderen Anforderungen an die pflegerische Versorgung

Pflegeperson

Auf den ersten Blick scheint eine Antwort auf die Frage: „Wer ist eine Pflegeperson?“ einfach zu sein. Die meisten von uns würden antworten: „Natürlich die Person, die ihren pflegebedürftigen Angehörigen zu Hause versorgt.“ Doch so einfach ist es leider nicht.

Auf den zweiten Blick zeigt sich nämlich, dass der Begriff „Pflegeperson“ ein gesetzlich definierter Begriff aus dem Sozialversicherungsrecht ist. Die Definition steht in § 19 SGB XI. Sie besteht aus zwei Teilen.

Im ersten Teil wird definiert, wer überhaupt als Pflegeperson gilt. Das sind Personen, die einen pflegebedürftigen Menschen in häuslicher Umgebung (siehe Abschnitt „Häusliche Umgebung“) nicht erwerbsmäßig pflegen. Pflegebedürftig im Sinne des Gesetzes ist ein Mensch dann, wenn er mindestens Pflegegrad 1 hat.

Dieser Teil der Definition ist wichtig, wenn es z. B. um diese Leistungen der Pflegekasse geht:

- Verhinderungspflege
- Pflegekurse und Pflegeschulungen

Doch wann pflegt eine Person nicht erwerbsmäßig? Nicht erwerbsmäßig bedeutet, dass die Person nicht pflegt, um damit Geld für ihren Lebensunterhalt zu verdienen. Das wird grundsätzlich dann angenommen, wenn die pflegende Person ein Angehöriger des Pflegebedürftigen ist oder ihm ähnlich nahesteht und von diesem maximal das Pflegegeld bekommt, das die Pflegekasse zahlt. Übernimmt dagegen eine andere

Person die Pflege und bekommt dafür mehr Geld als das Pflegegeld, wird das als erwerbsmäßige Pflege gewertet. Diese Person wäre deshalb keine Pflegeperson im Sinne des Gesetzes.

Im zweiten Teil des oben genannten § 19 SGB XI werden die Pflegepersonen definiert, die Anspruch auf eine Unfall-, Arbeitslosen- und Rentenversicherung während der von ihnen geleisteten Pflege haben können. Können deshalb, weil dafür noch weitere Voraussetzungen erfüllt sein müssen. Im Kapitel „Rechte pflegender Angehöriger“ erfahren Sie, welche das sind.

Diesen Anspruch haben nur Pflegepersonen, die

- einen oder mehrere Pflegebedürftige mit jeweils mindestens Pflegegrad 2,
- insgesamt mindestens zehn Stunden pro Woche,
- verteilt auf mindestens zwei Tage wöchentlich

pflegen.

Medizinischer Dienst

Wenn Ihr Angehöriger bei seiner Pflegekasse Leistungen beantragt, beauftragt die Pflegekasse einen Gutachter. Dieser prüft, ob Ihr Angehöriger pflegebedürftig ist und, falls ja, welcher Pflegegrad vorliegt (siehe Abschnitt „Pflegegrad“). In diesem Zusammenhang wird (nach wie vor) häufig vom MDK-Gutachter gesprochen. MDK war die Abkürzung für Medizinischer Dienst.

In den letzten Jahren wurden die Medizinischen Dienste der Krankenversicherung in den einzelnen Bundesländern in Medizinische Dienste umgewandelt. Diese werden seitdem offiziell mit MD abgekürzt.

> ***Praxis-Tipp:***
>
> *Nicht jeder ist bei einer gesetzlichen Pflegekasse versichert, für die der Medizinische Dienst der Krankenversicherung den Gutachter stellt. Ist Ihr Angehöriger bei der Knappschaft-Bahn-See versichert, beauftragt diese ihren eigenen Sozialmedizinischen Dienst. Ist Ihr Angehöriger privat in einer Pflegepflichtversicherung versichert, wird in der Regel ein Gutachter von Medicproof die Pflegebedürftigkeit prüfen.*

Häusliche Umgebung

Der Begriff „häusliche Umgebung“ kann Ihnen sowohl im Zusammenhang mit Leistungen der Krankenkasse als auch bei Leistungen der Pflegeversicherung begegnen.

Als häusliche Umgebung zählt die Wohnung oder das Haus, in der Ihr Angehöriger lebt. Anerkannt wird als häusliche Umgebung aber auch, wenn Ihr Angehörige im Haushalt der Pflegeperson versorgt wird oder im Haushalt einer anderen Person lebt. Sogar das sogenannte Betreute Wohnen oder ein Altenwohnheim gelten als häusliche Umgebung.

2.

Wenn es ohne Hilfe nicht mehr geht – So organisieren Sie in fünf Schritten die Pflege zu Hause

Erste Orientierung im Akutfall

Stellen Sie sich vor: Ihr Vater sitzt gemütlich auf seinem Sofa bei Kaffee und Kuchen und sieht sich gemeinsam mit Ihrer Mutter die Lieblingsserie im Fernsehen an. Plötzlich wird ihm schwindelig und kurz darauf schwarz vor Augen. Er wacht im Krankenhaus wieder auf und ist an Geräte angeschlossen. Diagnose: Schlaganfall. Ohne Hilfe weiter zu Hause leben – undenkbar. So schnell kann es gehen. Weitaus häufiger ist es aber so, dass die körperliche und/oder geistige Leistungsfähigkeit über viele Monate hinweg Stück für Stück abnimmt.

Beiden Fällen gemeinsam ist, dass der Zeitpunkt kommt, ab dem die Hilfe anderer Personen notwendig ist, um weiter zu Hause leben zu können. Die folgende Schritt-für-Schritt-Anleitung ist eine erste Orientierung, um dann die notwendige Hilfe zu organisieren.

Schritt 1: Klären Sie den Hilfebedarf

Sobald Ihnen der Arzt im Krankenhaus oder der Hausarzt sagt, dass Ihr Angehöriger künftig auf die Hilfe anderer Menschen angewiesen sein wird, sollten Sie zuerst den konkreten Hilfebedarf klären.

Wobei müssen andere Menschen Ihrem Angehörigen helfen?

Bei der Körperpflege, bei dem Gang zur Toilette, beim Essen und Trinken, beim Spaziergang oder im Haushalt? Vergisst Ihr Angehöriger immer wieder, seine Tabletten einzunehmen oder braucht er Hilfe beim Anziehen von Kompressionsstrümpfen?

In welchem Umfang müssen andere Menschen helfen?

Genügt es vielleicht, dass Ihr Angehöriger z. B. daran erinnert wird, seine Tabletten zu nehmen oder etwas zu essen und zu trinken? Oder müssen andere einen Teil der erforderlichen Handlungen übernehmen, z. B. Socken anziehen, Schnürsenkel binden? Oder ist er bei einer Handlung darauf angewiesen, dass andere sie komplett für ihn übernehmen?

Die Tabelle zeigt an einem konkreten Beispiel, wie Sie den Hilfebedarf erfassen können.

Praxis-Tipp:

Wenn Sie sich unsicher sind, holen Sie sich Unterstützung. Im Krankenhaus können Sie sich an die behandelnden Ärzte, das Pflegepersonal sowie die Mitarbeiter des Sozialen Dienstes wenden. Sind Sie oder ein hilfebedürftiger Angehöriger zu Hause, klären Sie diese Fragen mit dem Hausarzt sowie mit einem Mitarbeiter eines Pflegestützpunktes bzw. einem Pflegeberater. Adressen von Pflegestützpunkten und Pflegeberatern erhalten Sie von Ihrer Stadt oder Gemeinde sowie von den Pflegekassen.

Beispiel für die Klärung des Hilfebedarfs:

Bereich	Hilfe bei ...	Häufigkeit
Hauswirtschaftliche Versorgung	Reinigen der Wohnräume, der Küche und des Bades	1- bis 2-mal pro Woche
	Wäsche waschen, bügeln und wegräumen	1-mal pro Woche
	Einkaufen von Lebensmitteln, Getränken und Drogerieartikeln	2-mal pro Woche
	Mahlzeiten vorbereiten (kalt und warm)	3-mal pro Tag
Körperbezogene Pflegemaßnahmen	An- und Ausziehen	2-mal pro Tag
	Duschen	1-mal pro Woche
Pflegerische Betreuung, z. B. aufgrund von Demenz	nicht erforderlich	0-mal
Behandlungspflege	Medikamente in Wochenbox vorsortieren	1-mal pro Woche
	Kompressionsstrümpfe anziehen	1-mal pro Tag
	Injektion subkutan mit Antithrombosemittel vornehmen	1-mal pro Tag

Bereich	Hilfe bei ...	Häufigkeit
Hilfsmittel/Pflegehilfsmittel	Rollator	ab Entlassung aus dem Krankenhaus
	Kompressionsstrümpfe	s. o.

Schritt 2: Beantragen Sie die Hilfen

Damit die Hilfen schnell zur Verfügung stehen, z. B. direkt nach der Entlassung aus dem Krankenhaus, sollten Sie diese frühzeitig bei den Kranken- und Pflegekassen beantragen. Fordern Sie dazu die aktive Unterstützung ein

- des Krankenhauses,
- der Rehabilitationseinrichtung,
- des Hausarztes und
- der Kranken- und Pflegekassen.

> ***Praxis-Tipp:***
>
> *Besonders bei schweren Erkrankungen sind betroffene Angehörige nicht dazu in der Lage, die erforderlichen Anträge selbst zu stellen. Damit Sie in diesem Fall die Anträge im Namen Ihres Angehörigen stellen können, empfehle ich Ihnen, sich rechtzeitig eine Vollmacht von Ihrem Angehörigen geben zu lassen. Wie so eine Vollmacht aussehen kann, können Sie im Kapitel „Leistungen der Pflegeversicherung für die Pflege zu Hause – Der Antrag" nachlesen.*

Dabei sollten Sie stets an folgende drei Punkte denken:

1. Lassen Sie sich, z. B. von den Mitarbeitern des Entlassmanagements im Krankenhaus, nicht dazu drängen, Leistungen der Pflegeversicherung bei der Pflegekasse zu beantragen, wenn auch die Krankenkasse Ihres Angehörigen die Kosten für Grundpflege und hauswirtschaftliche Versorgung übernehmen kann, z. B. als häusliche Krankenpflege nach § 37 Abs. 1a SGB V (Unterstützungspflege).
2. Lassen Sie sich nicht dazu drängen, Leistungen der Pflegeversicherung zu beantragen, wenn absehbar ist, dass der Antrag keine Aussichten auf Erfolg hat, weil Ihr Angehöriger wahrscheinlich nur

für wenige Wochen auf die Hilfe anderer Personen angewiesen sein wird.

3. Stellen Sie Anträge möglichst vor der Entlassung aus dem Krankenhaus oder der Rehabilitationseinrichtung und versehen Sie die Anträge mit dem Vermerk „EILT“.

In der Tabelle sehen Sie als erste Orientierungshilfe, bei wem Sie welche Leistungen beantragen können und was Sie dabei beachten müssen.

Wenn alle notwendigen Anträge gestellt sind, heißt es für Sie: DRANBLEIBEN!

Fragen Sie bei Kranken- und Pflegekassen nach, wenn Ihnen die Bearbeitung zu lange dauert. Wenn es besonders schnell gehen soll, können Sie sogar täglich nachfragen.

So finden Sie die richtigen Adressaten für Ihre Anträge:

Hilfebedarf	Zuständig ist ...	Antrag
Nur hauswirtschaftliche Versorgung (keine körperbezogene Pflege)	**Krankenkasse** **Voraussetzungen**: Ihr Angehöriger ist schwer erkrankt und wurde z. B. vorher im Krankenhaus behandelt oder ambulant operiert, er hat bislang den Haushalt geführt, es lebt keine andere Person in seinem Haushalt, die die Haushaltsführung übernehmen kann, und er hat keinen Pflegegrad oder nur Pflegegrad 1.	Verordnung des Hausarztes oder eines behandelnden Facharztes für **Haushaltshilfe als Unterstützungspflege** erforderlich. Zusätzlich Antragsvordruck Ihrer Krankenkasse ausfüllen.

2

Hilfebedarf	Zuständig ist ...	Antrag
Hauswirtschaftliche Versorgung und Grundpflege (körperbezogene Pflege) durch einen Pflegedienst für wenige Wochen	**Krankenkasse** **Voraussetzungen:** Ihr Angehöriger ist schwer erkrankt und wurde z. B. vorher im Krankenhaus behandelt oder ambulant operiert, es lebt keine andere Person in seinem Haushalt, die ihn bei der Grundpflege und im Haushalt unterstützen kann, und er hat keinen Pflegegrad oder nur Pflegegrad 1.	Verordnung des Hausarztes oder eines behandelnden Facharztes für **häusliche Krankenpflege als Unterstützungspflege** erforderlich. Für bis zu sieben Tage nach der Entlassung aus dem Krankenhaus kann auch der Krankenhausarzt diese Hilfe verordnen.
Grundpflege und Behandlungspflege in einer Kurzzeitpflegeeinrichtung für wenige Wochen	**Krankenkasse** **Voraussetzungen:** Ihr Angehöriger ist schwer erkrankt und wurde z. B. vorher im Krankenhaus behandelt oder ambulant operiert, keine der beiden zuvor genannten Leistungen reicht aus und er hat keinen Pflegegrad oder nur Pflegegrad 1.	Verordnung des Hausarztes oder eines behandelnden Facharztes für **Kurzzeitpflege** erforderlich. Aus der Verordnung muss hervorgehen, dass die beiden zuvor genannten Varianten der Unterstützungspflege nicht ausreichen und darum Kurzzeitpflege in einer stationären Kurzzeitpflegeeinrichtung zur Unterstützungspflege erforderlich ist.

Hilfebedarf	Zuständig ist …	Antrag
Grundpflege und Behandlungspflege für bis zu zehn Tage	**Krankenkasse** **Voraussetzungen:** Ihr Angehöriger wurde stationär im Krankenhaus behandelt, die zuvor genannten Leistungen der Unterstützungspflege reichen nicht aus bzw. lassen sich nur mit unverhältnismäßig hohem Aufwand organisieren und Leistungen der Pflegeversicherung für die Pflege zu Hause reichen nicht aus.	Der behandelnde Arzt im Krankenhaus kann anordnen, dass Ihr Angehöriger für bis zu zehn Tage direkt im Anschluss an die Krankenhausbehandlung im selben Krankenhaus Übergangspflege erhält.
Behandlungspflege durch einen Pflegedienst, z. B. Anlegen von Wundverbänden, Injektionen s.c., Vorbereiten oder Gabe von Medikamenten	**Krankenkasse** **Voraussetzungen**: Ihr Angehöriger kann selbst die Behandlungspflege nicht leisten (z. B. Anlegen von Wundverbänden) und keine andere Person in seinem Haushalt kann die Behandlungspflege übernehmen.	Verordnung des Hausarztes oder eines behandelnden Facharztes für **häusliche Krankenpflege** erforderlich; für bis zu sieben Tage nach der Entlassung aus dem Krankenhaus kann auch der Krankenhausarzt die Hilfe verordnen.
Hauswirtschaftliche Versorgung, Grundpflege (körperbezogene Pflegemaßnahmen) und ggf. pflegerische Betreuung durch einen Pflegedienst für voraussichtlich mindestens sechs Monate	**Pflegekasse**	Leistungen können telefonisch, per E-Mail oder mit eigenem Schreiben beantragt werden; ansonsten Antragsvordruck der Pflegekasse ausfüllen; Eilbegutachtung nach Aktenlage noch während des Aufenthalts im Krankenhaus möglich.

2

Hilfebedarf	Zuständig ist …	Antrag
Hilfsmittel, z. B. Hörgerät, Brille	**Krankenkasse**	Verordnung des Hausarztes oder eines behandelnden Facharztes erforderlich
Doppelfunktionale Hilfsmittel, z. B. Toilettensitzerhöhung, Badewannenlifter	**Krankenkasse oder Pflegekasse** (wenn zugleich Leistungen der Pflegeversicherung beantragt werden)	Verordnung des Hausarztes oder eines behandelnden Facharztes erforderlich. Empfiehlt bereits der Gutachter, der die Pflegebedürftigkeit prüft, ein solches Hilfsmittel, ist keine ärztliche Verordnung nötig.
Pflegehilfsmittel, z. B. Desinfektionsmittel, Pflegebett, Bettschutzeinlagen	**Pflegekasse**	Können vom Gutachter, der die Pflegebedürftigkeit prüft, im Gutachten empfohlen werden. Diese Empfehlung wird an die Pflegekasse als Antrag weitergeleitet, wenn Sie zustimmen. Ansonsten: Sofern Ihr Angehöriger bereits einen Pflegegrad hat, können Sie Pflegehilfsmittel auch selbst bei der Pflegekasse beantragen. Soweit vorhanden, Bestätigung eines Arztes oder eines Pflegeberaters zur Notwendigkeit des Pflegehilfsmittels beifügen.

Sobald die Kranken- und Pflegekassen Ihre Anträge genehmigt haben, können Sie sicher sein, dass

- die Krankenkasse die Kosten für die von Ihnen beauftragten Dienstleister übernimmt, z. B. den Pflegedienst, bzw. sich an den Kosten beteiligt, z. B. bei der Kurzzeitpflege, und
- die Pflegekasse sich bis zur Höhe der gesetzlich festgelegten Leistungspauschalen beteiligt bzw. Ihr pflegebedürftiger Angehöriger Leistungen der Pflegeversicherung erhält und die ihn zu Hause versorgenden Angehörigen Pflegezeit und Familienpflegezeit nutzen können, sofern sie bei einem Arbeitgeber mit ausreichend vielen Beschäftigten arbeiten (siehe dazu Kapitel „Rechte pflegender Angehöriger“).

Praxis-Tipp:

Sofern Ihr Angehöriger dauerhaft mit schweren körperlichen oder geistigen Beeinträchtigungen leben muss, lassen Sie sich bitte auch bezüglich eines Antrags auf Leistungen bei Schwerbehinderung beraten. Sehr gute Informationen dazu finden Sie hier: https://www.einfach-teilhaben.de dort im Menüpunkt Schwerbehinderung. Dieses Informationsangebot wird vom Bundesministerium für Arbeit und Soziales bereitgestellt.

Schritt 3: Organisieren Sie die Hilfen

Die Anträge sind gestellt. Nach und nach trudeln die ersten Genehmigungen der Krankenkasse bei Ihnen ein. Sofern Sie für Ihren Angehörigen Leistungen der Pflegeversicherung beantragt haben, hat die Pflegekasse das Begutachtungsverfahren eingeleitet und vielleicht bereits eine Eilbegutachtung veranlasst.

Nun müssen Sie die Hilfen so organisieren, dass sie zu dem von Ihnen gewünschten Zeitpunkt an beginnen können.

Das bedeutet, Sie

- beauftragen professionelle Dienstleister mit den Hilfen, für die bereits Genehmigungen der Kranken- oder Pflegekasse vorliegen, z. B. einen Pflegedienst mit der Behandlungspflege und der Grundpflege, und
- legen fest, wer die Hilfen übernehmen soll, die Sie privat sicherstellen wollen.

> ***Praxis-Tipp:***
>
> *Damit die private Hilfe im Alltag funktioniert, empfehle ich Ihnen, die gewünschten Hilfeleistungen auf möglichst viele Schultern zu verteilen. So wird kein Helfer überfordert und die Bereitschaft zu helfen kann über einen längeren Zeitraum aufrechterhalten werden.*

Erstellen Sie einen Helferplan. So weiß jeder Helfer, was er wann zu tun hat. Der Helferplan hat zudem den großen Vorteil, dass Ihr Angehöriger weiß, wer wann zu ihm kommt.

So könnte Ihr Helferplan für die privaten Helfer aussehen:

Hilfe	Häufigkeit	Wird übernommen von ...
Reinigen der Wohnräume, der Küche und des Bades	1- bis 2-mal x pro Woche	1-mal pro Woche Nachbarin 1-mal pro Woche Tochter
Wäsche waschen, bügeln und wegräumen	1-mal pro Woche	1-mal pro Woche Tochter (in Verbindung mit der Reinigung)
Einkaufen von Lebensmitteln, Getränken und Drogerieartikeln	2-mal pro Woche	2-mal pro Woche Chorfreundin
Mahlzeiten vorbereiten (kalt und warm)	3-mal pro Tag	morgens Schwiegertochter mittags Enkelsohn nach der 7. Stunde abends Sohn
An- und Ausziehen	2-mal pro Tag	morgens Schwiegertochter abends Sohn
Duschen	1-mal pro Woche	1-mal pro Woche Tochter und Sohn

Schritt 4: Prüfen Sie, ob die Hilfen richtig anlaufen

Prüfen Sie direkt am ersten Tag, ob die Hilfen tatsächlich so anlaufen, wie sie von Ihnen organisiert wurden, z. B.:

- Kommt der Pflegedienst zu den vereinbarten Einsatzzeiten?
- Halten sich die privaten Helfer an die Einsätze?
- Wurden die Hilfsmittel und Pflegehilfsmittel geliefert?

Haken Sie nach, wenn etwas nicht funktioniert, und klären Sie, woran es liegt.

Alles funktioniert, wie von Ihnen geplant? Dann wird es Zeit, dass Sie sich auf die Schulter klopfen und sagen: „Ich bin stolz auf mich!"

Schritt 5: Prüfen Sie, ob die Hilfen ausreichen

Spätestens eine Woche, nachdem die Hilfen angelaufen sind, und danach jede zweite Woche sollten Sie gemeinsam mit den Helfern klären, ob

- zusätzliche Hilfen erforderlich sind und welche,
- weniger Hilfen benötigt werden und
- die Abstimmung zwischen den Helfern funktioniert oder die Aufgaben anders verteilt werden müssen.

Beantragen Sie zusätzliche Hilfen, wenn diese von professionellen Dienstleistern übernommen werden sollen.

Wenn die Krankenkasse die Kosten z. B. für den Pflegedienst übernimmt und aufgrund der fortschreitenden Genesung weniger Hilfen notwendig werden, beginnen Sie zuerst damit, die privaten Helfer zu entlasten.

Probleme in der Zusammenarbeit der Helfer klären Sie bitte zeitnah. Andernfalls riskieren Sie, dass Helfer „abspringen".

Ein offenes Wort zur „Teilkasko-Pflegeversicherung"

Je besser es Ihnen gelingt, die notwendigen Hilfen privat abzudecken, desto weniger kostet die Pflege zu Hause. Das ist nicht immer so möglich, wie Sie es sich vielleicht wünschen würden. Die Kosten, die dann durch die Beauftragung professioneller Kräfte entstehen, können sehr hoch sein.

2

Beispiel: Kosten für Grundpflege

Hilfe bei	Pflegedienst – Kosten pro Tag	Kosten pro Monat (30 Tage)
An- und Ausziehen 2-mal pro Tag	ca. 18 €	540 €
Duschen 1-mal pro Woche	ca. 25 € (4 x pro Monat)	100 €
Gesamt		**640 €**

Der Hilfebedarf in dieser Tabelle ist dem bei Schritt 1 beschriebenen Beispiel entnommen. In diesem Beispiel besteht der Hilfebedarf nur für wenige Wochen. Die Pflegekasse würde sich darum in diesem Beispiel nicht an den Kosten beteiligen.

Dank der Leistungen der häuslichen Krankenpflege kann jedoch die Krankenkasse die Kosten übernehmen, wenn der behandelnde Arzt die Leistungen als Unterstützungspflege verordnet und keine andere im Haushalt lebende Person die notwendige Hilfe übernehmen kann. Als Patient müsste Ihr Angehöriger dann nur 10 Euro pro Verordnung und zehn Prozent des Leistungsbetrags für die ersten 28 Leistungstage pro Kalenderjahr dazuzahlen. Sollte er von seiner Krankenkasse bereits einen sogenannten Befreiungsausweis bekommen haben, entfällt sogar diese Zuzahlung.

Allerdings ist dabei zu bedenken, dass die Krankenkasse die Kosten nur für eine kurze Zeit übernimmt. In der Regel sind das vier Wochen.

Praxis-Tipp:

Sollten die Leistungen in der obigen Tabelle oder weitere Leistungen auf Dauer erforderlich sein, also voraussichtlich für mindestens sechs Monate, kommen Leistungen der Pflegeversicherung in Betracht. Zu beachten ist: Die soziale Pflegeversicherung zahlt nur die gesetzlich festgelegten Beträge. Sie wird darum häufig als „Teilkasko-Versicherung“ bezeichnet. Das ist zwar nicht korrekt – „Teilleistungsversicherung“ wäre zutreffender – verdeutlicht aber, dass Ihr pflegebedürftiger Angehöriger trotz Pflegegrad auch selbst für die Pflege bezahlen muss, und zwar dann, wenn die gesetzlich festgelegten Leistungsbeträge der Pflegekasse nicht ausreichen, um die Kosten Ihrer Pflege zu decken. Beantragen Sie darum Leistungen der Pflegeversicherung immer erst dann, wenn die Leistungen der gesetzlichen Krankenkasse ausgeschöpft sind, insbesondere die der oben genannten Unterstützungspflege.

3.

Leistungen der Krankenkasse für die Pflege zu Hause

Häusliche Krankenpflege zur Verkürzung oder Vermeidung eines Krankenhausaufenthalts

Laut Gesetz kann der behandelnde Arzt Ihres Angehörigen für die Dauer von 28 Tagen Behandlungspflege, hauswirtschaftliche Versorgung und Grundpflege als häusliche Krankenpflege verordnen, wenn dadurch

- ein sonst erforderlicher Krankenhausaufenthalt verhindert wird oder
- der Krankenhausaufenthalt verkürzt wird.

Leider wird diese Form der häuslichen Krankenpflege in der Praxis kaum noch von Ärzten verordnet und noch seltener von Krankenkassen genehmigt. Gründe dafür sind vor allem

- die ohnehin auf ein Minimum verkürzten Verweildauern im Krankenhaus und
- die Möglichkeit, heute viele Operationen ambulant durchzuführen.

Häusliche Krankenpflege als Übergangspflege

Patienten, die schwer erkrankt sind und deshalb z. B. im Krankenhaus behandelt oder ambulant operiert wurden, haben Anspruch auf Grundpflege und hauswirtschaftliche Versorgung zur Übergangspflege. Der behandelnde Arzt verordnet diese Leistungen auf dem Vordruck für häusliche Krankenpflege, wenn zusätzlich diese Voraussetzungen vorliegen:

- Im Haushalt des Patienten lebt keine andere Person, die diese Leistungen übernehmen kann, und
- der Patient bekommt keine Leistungen der Pflegeversicherung oder hat nur den Pflegegrad 1.

Häusliche Krankenpflege zur Sicherung der ambulanten ärztlichen Behandlung

Wenn häusliche Krankenpflege verordnet wird, handelt es sich fast ausnahmslos um die zur Sicherung der ambulanten ärztlichen Behandlung erforderliche häusliche Krankenpflege.

Diese beinhaltet laut Gesetz ausschließlich die sogenannten Behandlungspflegen. Diese sind:

- Absaugen der oberen Luftwege
- Bronchialtoilette (bei intubierten/tracheotomierten Patienten)
- Bedienung und Überwachung eines Beatmungsgerätes
- Blasenspülung bei durchflussbehinderten Dauerkathetern (nur bei bestimmten Erkrankungen)
- **Blutdruckmessung** (bei Erst- oder Neueinstellung des Bluthochdrucks)
- **Blutzuckermessung** (bei Erst- oder Neueinstellung des Diabetes mellitus und wenn der gemessene Wert eine unmittelbare therapeutische Konsequenz hat, wie bei der intensivierten Insulintherapie, bei der die Anzahl der Insulineinheiten vom gemessenen Blutzuckerwert abhängt)
- **Dekubitusbehandlung** (wenn mindestens eine nicht wegdrückbare Hautrötung vorliegt)
- Überprüfen und Versorgen von Drainagen (z. B. zur Ableitung des Wundsekretes)
- Einlauf/Klistier bei Verstopfung (Obstipation)
- Flüssigkeitsbilanzierung (wenn keine Hilfe bei Ausscheidungen und bei der Ernährung gegeben wird)
- Infusion über einen vom Arzt gelegten Venenzugang (ausschließlich zur Ernährung und/oder Flüssigkeitssubstitution)
- Infusion, subkutan, zur Flüssigkeitssubstitution
- Inhalation
- **Injektion, intramuskulär,** z. B. Vitamin B-12
- **Injektion, subkutan**, d. h. unter die Haut, z. B. von Insulin, Heparin, Clexane (wenn der Patient selbst die Injektion nicht übernehmen kann)
- Vorbereiten der subkutanen Injektion, wenn der Patient selbst danach die Injektion vornimmt
- Instillation (tropfenweises Einbringen von ärztlich verordneten Medikamenten in Hohlorgane, Körperhöhlen, Körperöffnungen)
- Auflegen von Kälteträgern

3

- **Versorgung eines suprapubischen Katheters** (Blasenkatheter durch die Bauchdecke)
- **Einlegen, Entfernen oder Wechseln eines Dauerkatheters** durch die Harnröhre
- Einmalkatheterisierung durch die Harnröhre
- Spezielle Krankenbeobachtung (nur wenn jederzeit damit zu rechnen ist, dass aufgrund der Krankheit eine lebensbedrohliche Situation eintritt, z. B. bei Patienten mit Beatmungsgerät)
- Legen und Wechseln einer Magensonde durch Nase oder Mund zur Sicherstellung der Ernährung
- **Verabreichen von ärztlich verordneten Medikamenten**, z. B. Tabletten, Tropfen, Salben, Tinkturen, Lösungen, Aerosolen
- **Richten von ärztlich verordneten Medikamenten**, z. B. in einer Wochendosierbox
- Versorgung der durch die Bauchdecke gelegten Magensonde (PEG)
- Versorgung von künstlich geschaffenen Ausgängen, z. B. künstlichem Darmausgang (nur wenn eine Entzündung mit Hautschädigungen vorliegt oder aufgrund gesundheitlicher Probleme ohne Übernahme der Versorgung durch einen Pflegedienst die Gesundheit des Patienten gefährdet wäre)
- Wechsel und Pflege der Trachealkanüle, z. B. bei beatmeten Patienten
- Pflege des zentralen Venenkatheters
- **Anlegen und Wechseln von Wundverbänden** (außer normalen Pflastern)
- **Anlegen von Kompressionsverbänden**
- **Abnehmen von Kompressionsverbänden**
- **An- oder Ausziehen von Kompressionsstrümpfen/-strumpfhosen** ab der Kompressionsklasse 1 (nur wenn der Patient selbst nicht dazu in der Lage ist)
- Anlegen von stützenden und stabilisierenden Verbänden

Die am häufigsten verordneten Behandlungspflegen habe ich fett hervorgehoben.

Der behandelnde Arzt kann Behandlungspflegen nur verordnen, wenn Ihr Angehöriger selbst die Behandlungspflege nicht vornehmen kann und in seinem Haushalt auch keine andere Person dazu in der Lage ist.

Die Krankenkasse prüft die vom Arzt verordneten Behandlungspflegen und genehmigt diese, wenn die medizinische Notwendigkeit festgestellt wurde. Hierzu muss sie bei Zweifeln an der medizinischen Notwendigkeit den Medizinischen Dienst (MD) einschalten.

Die Behandlungspflegen werden von Pflegekräften eines Pflegedienstes erbracht.

Haushaltshilfe als Übergangspflege

Ein weiterer Baustein der Übergangspflege ist der Anspruch auf Haushaltshilfe. Auf diese haben auch Patienten Anspruch, in deren Haushalt kein Kind lebt bzw. kein Kind mit einer Behinderung, das auf Hilfe angewiesen ist.

Die Haushaltshilfe muss vom behandelnden Arzt verordnet werden. Die Dauer ist bei Patienten, in deren Haushalt kein Kind lebt, auf maximal vier Wochen begrenzt.

Patienten, in deren Haushalt ein Kind lebt, das die genannten Bedingungen erfüllt, können bis zu 26 Wochen Haushaltshilfe verordnet bekommen und das selbstverständlich auch nur dann, wenn die Haushaltshilfe medizinisch notwendig ist.

Wie bei der Übergangspflege im Rahmen der häuslichen Krankenpflege (vgl. Abschnitt „Häusliche Krankenpflege als Übergangspflege“) müssen folgende Voraussetzungen vorliegen:

- Der Patient hat eine schwere Erkrankung, aufgrund der er z. B. im Krankenhaus behandelt oder ambulant operiert wurde.
- Keine andere im Haushalt lebende Person kann die Haushaltsführung übernehmen.
- Der Patient erhält keine Leistungen der Pflegeversicherung oder hat nur Pflegegrad 1.

Bei der Haushaltshilfe kommt als weitere Voraussetzung hinzu, dass der Patient die haushaltsführende Person ist. Ist z. B. der Ehemann krank, der auch sonst den Haushalt nicht führt, wird die Krankenkasse eine Kostenübernahme ablehnen.

> ***Praxis-Tipp:***
>
> *Fragen Sie Ihre Krankenkasse nach einer Kostenerstattung für Angehörige. Anders als bei der häuslichen Krankenpflege können die Krankenkassen bei der Haushaltshilfe auch Aufwendungen erstatten, die Angehörigen entstehen, wenn diese die Haushaltshilfe übernehmen. Dazu gehören z. B. die Kosten für An- und Abreise sowie ein Entgeltersatz, wenn sich Angehörige unbezahlt beurlauben lassen.*

Satzungsleistung zu häuslicher Krankenpflege und Haushaltshilfe

Gesetzliche Krankenkassen können in ihrer Satzung sogenannte Mehrleistungen für ihre Versicherten festlegen. Dazu gehören auch

- die **Kostenübernahme für hauswirtschaftliche Versorgung und Grundpflege**, wenn diese zusätzlich zu einer Behandlungspflege erforderlich sind, und
- die **Kostenübernahme für hauswirtschaftliche Versorgung als Haushaltshilfe**, wenn kein Kind im Haushalt lebt.

Diese Satzungsleistungen können Gold wert sein. Vor allem, wenn die maximale gesetzliche Anspruchsdauer von vier Wochen für die häusliche Krankenpflege oder die Haushaltshilfe zur Übergangspflege vorbei sind.

So können Sie diese Satzungsleistungen für Ihren Angehörigen nutzen:

1. Informieren Sie sich bei seiner Krankenkasse, ob diese eine der genannten Satzungsleistungen anbietet. Nach meiner Erfahrung kann es dabei passieren, dass Sie nicht direkt einen Mitarbeiter am Telefon haben, der sich damit auskennt. Vereinbaren Sie dann, dass er sich erkundigt und Sie zurückruft bzw. Ihnen den richtigen Gesprächspartner nennt.
2. Falls die Krankenkasse eine Satzungsleistung anbietet, fragen Sie nach, wie Sie diese beantragen können. Welcher Arzt darf die Leistung verordnen? Was muss auf der Verordnung stehen? Welche Unterlagen sind vorzulegen?

3. Informieren Sie den behandelnden Arzt Ihres Angehörigen über die Satzungsleistung und die Anforderungen an die Verordnung.
4. Legen Sie die Verordnung der Krankenkasse zur Genehmigung vor.
5. Beauftragen Sie einen Pflegedienst mit der Hilfeleistung und legen Sie diesem dazu die Genehmigung der Krankenkasse vor.

Praxis-Tipp:

Die meisten Krankenkassen veröffentlichen ihre Satzung auf ihren Internetseiten, meistens etwas versteckt. Wenn Sie Zugang zum Internet haben, gehen Sie auf die Startseite der Krankenkasse und geben Sie in das Suchfeld den Begriff „Satzung" ein. Dadurch gelangen Sie dann rasch zur gewünschten Satzung. Gehen Sie dort zu dem Teil mit den Leistungen. In diesem finden Sie – sofern solche angeboten werden – auch die Mehrleistungen zur häuslichen Krankenpflege und zur Haushaltshilfe.

Kurzzeitpflege als Übergangspflege

Sofern weder die als Übergangspflege gedachte Haushaltshilfe noch die häusliche Krankenpflege ausreichen, kann der behandelnde Arzt auch die vorübergehende stationäre Pflege in einer Kurzzeitpflegeeinrichtung verordnen.

Die Krankenkasse beteiligt sich an den Kosten für Grundpflege, Behandlungspflege und Betreuung in der Kurzzeitpflegeeinrichtung mit einem Betrag in Höhe von 1.774 Euro pro Kalenderjahr. Die Kurzzeitpflege darf zudem längstens für acht Wochen pro Kalenderjahr in Anspruch genommen werden.

Für den Patienten bedeutet das, dass er die Kosten für Unterkunft und Verpflegung, die eventuell von der Einrichtung berechneten Investitionskosten sowie die über den Betrag von 1.774 Euro hinausgehenden Kosten für die Pflege selbst bezahlen muss.

Beispiel: Mögliche Kosten bei 14 Tagen Kurzzeitpflege

Leistung	Kosten
Grund- und Behandlungspflege, Betreuung	910 €
Unterkunft und Verpflegung	280 €
Investitionskosten	210 €
abzüglich Anteil der Krankenkasse (nur für Grund- und Behandlungspflege, Betreuung)	- 910 €
vom Patienten zu zahlen:	490 €

Die Kurzzeitpflege ist somit für den Patienten die teuerste Variante der Übergangspflege.

Praxis-Tipp:

Wenn Ihr Angehöriger bereits Pflegegrad 1 hat, kann er den sogenannten Entlastungsbetrag (siehe Kapitel „Leistungen der Pflegeversicherung für die Pflege zu Hause") ansparen und damit seinen Anteil an den Kosten dieser Kurzzeitpflege begleichen, im Beispiel die 490 €.

Übergangspflege im Krankenhaus

Kann Ihr Angehöriger direkt nach der stationären Krankenhausbehandlung noch nicht nach Hause, weil

- die zuvor genannten Leistungen der Übergangspflege nicht ausreichen oder nur mit einem unverhältnismäßig hohem Aufwand organisiert werden können oder
- er zwar mindestens Pflegegrad 2 hat, die Leistungen des Pflegedienstes aber nicht ausreichen,

hat er Anspruch auf maximal zehn Tage Übergangspflege in dem Krankenhaus, in dem er behandelt wurde. Diese Übergangspflege muss vom Krankenhaus veranlasst werden, sofern Ihr Angehöriger damit einverstanden sind.

Hilfsmittel mit und ohne Doppelfunktion

Hilfsmittel, die den Ausgleich bzw. die Verminderung körperlicher Beeinträchtigungen aufgrund von Krankheit und Behinderung zum Ziel haben, müssen immer ärztlich verordnet und von der Krankenkasse genehmigt werden.

Hilfsmittel, die darüber hinaus auch dazu gedacht sein können, die Pflege zu erleichtern (vgl. Abschnitt „Doppelfunktionale Hilfsmittel"), müssen nicht unbedingt ärztlich verordnet werden, wenn sie bei der Pflegekasse beantragt werden.

> ***Praxis-Tipp:***
>
> *Ab Antragseingang tickt die Uhr.*
> *Egal, ob Sie das Hilfsmittel bei der Kranken- oder Pflegekasse beantragen: Ab Eingang Ihres Antrags tickt für die Kasse buchstäblich die Uhr. Sie muss Ihnen spätestens drei Wochen, nachdem Ihr Antrag eingegangen ist, ihre Entscheidung mitteilen. Wenn die Kasse den Medizinischen Dienst einschaltet, verlängert sich diese Frist auf fünf Wochen. Darüber muss die Kasse Sie informieren. Haben Sie nach Ablauf dieser Frist nichts von Ihrer Krankenkasse gehört, können Sie sich das beantragte Hilfsmittel selbst beschaffen und der Kasse die Rechnung zur Erstattung einreichen. Voraussetzung ist, dass das beantragte Hilfsmittel grundsätzlich zum Leistungskatalog der Kranken- bzw. Pflegekasse gehört. Hierzu kann Sie der Lieferant, z. B. das Sanitätshaus, beraten.*

Außerklinische Intensivpflege

Eine besondere Form der häuslichen Krankenpflege ist die außerklinische Intensivpflege. Damit soll es Patienten, die aufgrund der Schwere ihrer Erkrankung intensivpflegerisch betreut werden müssen, möglich gemacht werden, das Krankenhaus zu verlassen.

Die außerklinische Intensivpflege kann dann verordnet werden, wenn **jederzeit und nicht planbar lebensbedrohliche Situationen** eintreten können, die ein sofortiges medizinisches Eingreifen einer Pflegefachkraft notwendig machen.

Das ist vor allem bei Patienten möglich, die maschinell beatmet werden. Erbracht wird die außerklinische Intensivpflege von Pflegediensten mit entsprechend weitergebildeten Pflegefachkräften.

Wenn Ihr Angehöriger auf diese Leistung angewiesen ist, erkundigen Sie sich möglichst noch in der Klinik, in welcher die Beatmungsparameter eingestellt werden, zum Verfahren, den Kosten und möglichen Pflegediensten.

Spezialisierte ambulante Palliativversorgung

Eine aus meiner Sicht besonders wertvolle Hilfe für die Pflege in der letzten Lebensphase ist die spezialisierte ambulante Palliativversorgung (SAPV).

Mit ihrer Hilfe sollen die Lebensqualität und Selbstbestimmung von Sterbenden erhalten, gefördert und verbessert werden. So sollen Sterbende bis zu ihrem Tod ein menschenwürdiges Leben in ihrer gewohnten Umgebung führen können.

Die SAPV ist vorrangig für Patienten gedacht, die aufgrund ihres komplexen Krankheitsbildes, z. B. bei onkologischen Erkrankungen, ein spezialisiertes Palliativteam (Palliative-Care-Team) brauchen, das alle erforderlichen Hilfen koordiniert und veranlasst.

Wenn Ihr Angehöriger an einer solchen schwerwiegenden Krankheit leidet, sprechen Sie mit dem behandelnden Onkologen oder Palliativmediziner in der Klinik, in der Ihr Angehöriger behandelt wird.

Ambulante Hospizdienste

Ist kein Palliative-Care-Team notwendig, können Sie dennoch Unterstützung bei der Begleitung eines Sterbenden erhalten. Dafür werden bereits seit mehreren Jahren ambulante Hospizdienste gefördert. Diese sind zumeist bei freigemeinnützigen Trägern angesiedelt, wie z. B. der Caritas, dem Diakonischen Werk oder dem Deutschen Roten Kreuz.

Eine Voraussetzung für die Förderung der ambulanten Hospizdienste ist, dass deren Leistungen von jedem in Anspruch genommen werden können, unabhängig von seiner Konfession. Scheuen Sie sich darum nicht, einen ambulanten Hospizdienst um Hilfe und Beistand in dieser schweren Zeit zu bitten.

Adressen von ambulanten Hospizdiensten können Sie bei Ihrer Krankenkasse erfragen.

Fahrkosten

Die Krankenkasse übernimmt auf Antrag Fahrkosten zu stationären Krankenhausbehandlungen und zurück nach Hause sowie Fahrkosten für sogenannte Serienbehandlungen, wie z. B. Chemotherapie, Strahlentherapie oder Dialyse.

Für Fahrten zu Arztbesuchen und ambulanten Therapien übernimmt die Krankenkasse die Fahrkosten, ohne dass dafür eine vorherige Genehmigung notwendig ist, wenn

- Ihr Angehöriger einen Schwerbehindertenausweis mit dem Merkzeichen „aG“, „Bl“ oder „H“ hat oder
- er den Pflegegrad 3, 4 oder 5 hat, bei Einstufung in den Pflegegrad 3 zusätzlich eine dauerhafte Beeinträchtigung der Mobilität, oder
- er bis zum 31. Dezember 2016 eine Einstufung in die Pflegestufe 2 hatte und seit dem 1. Januar 2017 mindestens eine Einstufung in den Pflegegrad 3.

In allen anderen Fällen ist für die Kostenübernahme die medizinische Notwendigkeit ausschlaggebend. Diese muss vom behandelnden Arzt mit einer Verordnung bescheinigt werden. Diese Verordnung reichen Sie der Krankenkasse zur Genehmigung ein. Legen Sie die Genehmigung dem Fahrer des Krankentransports bzw. dem Taxifahrer vor.

Zusatzleistung, wenn die Pflegeperson eine medizinische Rehabilitation wahrnimmt

Obwohl es in diesem Abschnitt des Ratgebers vorrangig um Leistungen geht, mit denen gesetzliche Krankenkassen Ihren pflegebedürftigen Angehörigen bzw. vorübergehend auf Hilfe angewiesenen Angehörigen unterstützen können: Auch Sie als pflegende Angehörige können in die Situation kommen, dass Sie eine stationäre Rehabilitationsbehandlung wahrnehmen müssen. Sollten Sie bereits eine Rente der gesetzlichen

Rentenversicherung aufgrund des Erreichens der Regelaltersgrenze beziehen und liegt der rehabilitationsbedürftigen Erkrankung kein Unfall oder eine anerkannte Berufserkrankung zugrunde, wäre die Krankenkasse für diese Rehabilitation zuständig.

Doch was passiert in dieser Zeit mit dem von Ihnen versorgten pflegebedürftigen Angehörigen? Wenn dieser einen Pflegegrad hat – also pflegebedürftig im Sinne der sozialen Pflegeversicherung ist – bezahlt Ihre Krankenkasse für ihn die Kosten, die entstehen, weil er zeitgleich mit Ihnen in die stationäre Rehabilitationseinrichtung aufgenommen und dort versorgt wird. Soll er in dieser Zeit in einer anderen Einrichtung versorgt werden, bezahlt die Krankenkasse auch die dort entstehenden Kosten.

Wenn Sie und Ihr pflegebedürftiger Angehöriger es wünschen, koordiniert Ihre Krankenkasse die zeitgleiche Aufnahme von Ihnen in der stationären Rehabilitationseinrichtung und Ihres pflegebedürftigen Angehörigen in der gewünschten anderen Einrichtung, z. B. einer Kurzzeitpflegeeinrichtung.

> ***Praxis-Tipp:***
>
> *Möglicherweise haben Sie gegenüber Ihrer Krankenkasse keinen Anspruch auf medizinische Rehabilitation, z. B. weil Sie noch keine Rente der gesetzlichen Rentenversicherung erhalten oder in einer privaten Pflege-Pflichtversicherung versichert sind. Ab dem 01.07.2024 haben auch Sie Anspruch auf die Mitaufnahme Ihres pflegebedürftigen Angehörigen bzw. dessen Unterbringung in einer anderen Einrichtung. Die Kosten werden dann von der Pflegekasse getragen bzw. von der privaten Pflege-Pflichtversicherung. Mehr dazu erfahren Sie im Abschnitt „Leistungen der Pflegekasse für die Pflege zu Hause“, im Kapitel „Neu ab 01.07.2024: Zusatzleistung, wenn die Pflegeperson eine Vorsorge- oder Rehabilitationsleistung in Anspruch nimmt“.*

Erstattung von Zuzahlungen

Für viele Leistungen der gesetzlichen Krankenkassen ist von Ihnen bzw. Ihrem Angehörigen eine Zuzahlung zu leisten. So können im Verlauf eines Kalenderjahres erhebliche Beträge zusammenkommen, die Ihren Angehörigen finanziell belasten.

Er muss diese Zuzahlungen jedoch nicht in unbegrenzter Höhe leisten. Um eine finanzielle Überforderung von Patienten zu vermeiden, gibt es die Belastungsgrenze. Diese beträgt bei Patienten, die nicht chronisch krank sind, zwei Prozent der jährlichen Bruttoeinnahmen.

Zu diesen Bruttoeinnahmen gehören neben dem Arbeitsentgelt oder der Rente auch andere Einnahmen, wie z. B. Mieteinnahmen, Zinsen oder Zahlungen aus einer privaten Rentenversicherung.

Bei chronisch kranken Patienten sinkt die Belastungsgrenze auf ein Prozent der jährlichen Bruttoeinnahmen. Als chronisch krank gelten Patienten, bei denen

- Pflegegrad 3, 4 oder 5 festgestellt wurde oder
- ein Grad der Behinderung (GdB) oder ein Grad der Schädigungsfolgen (GdS) von mindestens 60 oder eine Minderung der Erwerbsfähigkeit (MdE) von mindestens 60 Prozent aufgrund einer Krankheit vorliegt (vom Versorgungsamt festgestellt) oder
- eine kontinuierliche medizinische Versorgung (ärztliche oder psychotherapeutische Behandlung, Arzneimitteltherapie, Behandlungspflege, Versorgung mit Heil- und Hilfsmitteln) erforderlich ist, ohne die nach ärztlicher Einschätzung eine lebensbedrohliche Verschlimmerung, eine Verminderung der Lebenserwartung oder eine dauerhafte Beeinträchtigung der Lebensqualität durch die aufgrund einer Krankheit verursachte Gesundheitsstörung zu erwarten ist.

Die Bescheinigung über das Vorliegen der chronischen Erkrankung stellt der behandelnde Arzt aus. Er hat dafür einen Vordruck. Sollte Ihr Angehöriger Pflegegrad 3, 4 oder 5 haben, wird das Vorliegen der chronischen Erkrankung auch ohne diese ärztliche Bescheinigung nach Ablauf des ersten Jahres nach Beginn der Pflegebedürftigkeit angenommen.

Heben Sie alle Zuzahlungsbelege auf und rechnen Sie nach. Wenn Ihr Angehöriger mehr Zuzahlungen geleistet hat, als er nach der für ihn geltenden Belastungsgrenze gemusst hätte, beantragen Sie bei seiner Krankenkasse die Erstattung der zu viel gezahlten Zuzahlungen. Fügen Sie diesem Antrag die gesammelten Belege, Einkommensnachweise sowie ggf. die Bescheinigung des Arztes über das Vorliegen einer chronischen Erkrankung bei.

4.

Leistungen der Pflegeversicherung beantragen

Vor dem Antrag

Beantworten Sie sich zuerst diese drei Fragen:

- Weshalb will ich Leistungen der Pflegeversicherung beantragen?
- Werde ich den (fremden) Gutachter offen und vollständig über meinen Hilfebedarf informieren — auch den bei intimen Tätigkeiten wie z. B. dem Toilettengang?
- Was mache ich im Alltag nicht mehr, weil ich es körperlich oder geistig nicht mehr kann?

Wenn Sie von mir Musterantworten erwarten, muss ich Sie enttäuschen. Es gibt sie nicht. Die Antworten auf diese drei Fragen sind immer individuell. Es sind Ihre Antworten.

Ihre Antworten können Ihnen helfen, das Verfahren vom Antrag bis zur Entscheidung der Pflegekasse zu bewältigen. Und genau das ist es, was Sie nach dem Antrag erwartet – ein Verfahren. Fachleute nennen dieses Verfahren „Feststellungsverfahren" oder „Verfahren zur Feststellung der Pflegebedürftigkeit".

Das Ergebnis kann aber auch lauten: Ich stelle jetzt keinen Antrag. Auch das ist in Ordnung. Niemand ist dazu verpflichtet, Leistungen der Pflegeversicherung zu beantragen.

> ***Praxis-Tipp:***
>
> *Leistungen der Pflegeversicherung werden oft beantragt, um Hilfe im Haushalt zu bekommen. Sehr schnell erfahren Betroffene dann von ihrer Pflegekasse, dass die benötigte Hilfe im Haushalt für die Feststellung einer Pflegebedürftigkeit keine Rolle spielt. Die Enttäuschung ist vorprogrammiert. Um eine solche zu vermeiden, fragen Sie sich, ob Sie tatsächlich nur Hilfe im Haushalt benötigen. Nach meiner Erfahrung ist das häufig nicht so.*

Sieht man genauer hin, weshalb der Haushalt nicht mehr selbst bewältigt werden kann, zeigen sich oft körperliche und/oder kognitive Defizite, die auf eine Pflegebedürftigkeit hinweisen. Sehr häufig stellt man dann fest, dass die Betroffenen ihren Alltag nach und nach an ihre reduzierten Fähigkeiten angepasst haben. Hier einige Beispiele, die das deutlich machen:

- Es wird nicht mehr gebadet, weil Betroffene nicht in die Wanne einsteigen können bzw. ohne Hilfe nicht wieder herauskämen.
- Es wird nicht mehr geduscht, weil der Duscheinstieg zu hoch ist und der Betroffene keine Stufen überwinden kann.
- Der Betroffene schläft im Wohnzimmer, weil er das im ersten Stock liegende Schlafzimmer nicht mehr erreichen kann.
- Die Türen zu den einzelnen Räumen stehen immer offen, damit ein an Demenz Erkrankter sich in der Wohnung zurechtfindet.
- Klebezettel erinnern einen kognitiv Eingeschränkten an Termine.
- Betroffene trinken nur noch Leitungswasser, weil sie die Flaschen mit Mineralwasser nicht mehr öffnen können.
- Tabletten werden nicht korrekt eingenommen, weil der Betroffene sie nicht aus der Verpackung bekommt.

Diese beispielhafte Aufzählung könnte ich beliebig fortsetzen. Ich denke aber, dass Sie bereits wissen, was ich meine.

Das Wichtigste daran: Anders als die benötigte Hilfe im Haushalt entscheiden diese Punkte mit, ob Sie pflegebedürftig sind und Anspruch auf Leistungen der Pflegeversicherung haben!

Der Antrag

Wann darf ich Leistungen der Pflegeversicherung beantragen?

Sie können Leistungen der Pflegeversicherung beantragen, wenn Sie in den letzten zehn Jahren mindestens zwei Jahre bei einer Pflegekasse versichert waren. Dazu müssen Sie nicht selbst Beiträge gezahlt haben, auch die Familienversicherung reicht aus. (Sie können natürlich schon vor dem Erfüllen dieser Bedingung einen Antrag stellen. Dieser wird jedoch erfolglos bleiben, da ein Anspruch auf Leistungen der Pflegeversicherung erst nach Ablauf der oben genannten Vorversicherungszeit besteht.)

Ihr Antrag wird zudem nur dann Aussicht auf Erfolg haben, wenn Sie wegen körperlicher und/oder geistiger Defizite im Alltag für voraussichtlich mindestens sechs Monate die Hilfe anderer Menschen brauchen.

Das bedeutet nicht, dass Sie erst sechs Monate abwarten müssen, um den Antrag zu stellen. Ganz im Gegenteil: Stellen Sie den Antrag, sobald Sie, Ihre Angehörigen oder Ihr behandelnder Arzt vermuten, dass Sie voraussichtlich für mindestens sechs Monate auf die Hilfe anderer Menschen angewiesen sein werden. Den Antrag stellen Sie bei Ihrer Krankenkasse. Diese ist auch Ihre Pflegekasse.

Wie muss ich den Antrag stellen?

Sie können den Antrag schriftlich stellen, also einen Brief oder eine E-Mail an die Pflegekasse schicken. Die Gestaltung des Schreibens ist dabei frei wählbar. Meistens genügt aber auch ein Anruf. Juristen nennen das „formlos“. Hier sehen Sie, wie ein solcher aussehen kann:

AOK Musterstadt
Schöne Aussicht 13
00000 Musterstadt

Ort, Datum

Antrag auf Leistungen der Pflegeversicherung
Bruno Muster, geb. am: 15.09.1932, KV-Nr. 123456789

Sehr geehrte Damen und Herren,
hiermit beantrage ich Leistungen der Pflegeversicherung.
Mit freundlichen Grüßen
Bruno Muster

Praxis-Tipp:

Wenn Sie nur für kurze Zeit Hilfe brauchen, z. B. nach einer Operation, kann die Krankenkasse Ihnen eine Hilfe bezahlen. Ihr behandelnder Arzt muss dafür die sogenannte Übergangspflege verordnen. Weitere Informationen zur Übergangspflege können Sie im Kapitel „Leistungen der Krankenkasse für die Pflege zu Hause“ nachlesen.

Kann meine Tochter/mein Sohn den Antrag für mich stellen?

Ihre Tochter oder Ihr Sohn können bei der Pflegekasse anrufen. Jede Pflegekasse hat einen Vordruck für den Antrag. Diesen wird sie Ihnen nach dem Telefonat zusenden. Beim Ausfüllen dieses Vordrucks können Ihnen Ihre Kinder helfen. Unterschreiben müssen Sie den Antrag aber selbst. Wenn Sie sich das nicht zutrauen, können Sie der Pflegekasse schreiben, dass Ihr Sohn oder Ihre Tochter den Antrag für Sie stellen darf. Juristen nennen das „eine Vollmacht ausstellen". So könnte Ihre Vollmacht aussehen:

Vollmacht für Regina Muster, geb. am 12.05.1957
Bruno Muster, geb. am: 15.09.1932, KV-Nr. 123456789

Sehr geehrte Damen und Herren,
hiermit bevollmächtige ich meine Tochter Regina Muster, in meinem Namen

- Leistungen der Kranken- und Pflegeversicherung zu beantragen,
- dazu Fragen zu beantworten, z. B. der Pflegekasse,
- die für die Begutachtung erforderlichen Unterlagen einzuholen, z. B. Befunde und Anordnungen meines Arztes, Krankenhausberichte, Rezepte,
- bei der Begutachtung teilzunehmen und mich zu unterstützen,
- Entscheidungen der Pflegekasse einschließlich der dazugehörenden Unterlagen, wie z. B. das Pflegegutachten, entgegenzunehmen und
- in meinem Namen Widerspruch gegen Entscheidungen der Pflegekasse einzulegen, das Widerspruchsverfahren bis zum Abschluss zu begleiten und, falls nötig, Klage beim Sozialgericht einzureichen.

Ort, Datum, Unterschrift Vollmachtgeber (Bruno Muster)

Was passiert, wenn ich den Antrag nicht selbst stellen kann, weil ich z. B. im Krankenhaus bin?

Dann kümmern sich Mitarbeiter des Krankenhauses darum und helfen Ihnen dabei, den Antrag zu stellen. In den Krankenhäusern finden Sie diese Mitarbeiter beim Sozialen Dienst oder dem Entlassmanagement. Am besten schreiben Sie für diesen Fall schon vorher eine Vollmacht.

Kann ich den Antrag auch bei der Stadt oder Gemeinde stellen?

Sie können den Antrag auch bei Ihrer Gemeinde bzw. im Rathaus stellen. Die Mitarbeiter der Stadt/der Gemeinde schicken den Antrag an Ihre Pflegekasse. Nehmen Sie Ihre Krankenversicherungskarte in das Rathaus/Gemeindeamt mit. Wenn es bei Ihnen vor Ort einen Pflegestützpunkt gibt, können Sie den Antrag auch dort stellen.

Ihr Antrag ist bei der Pflegekasse

Wenn Sie Ihren Antrag formlos gestellt haben, wird die Pflegekasse Ihnen ein Antragsformular zusenden. In diesem Formular werden zusätzliche Angaben von Ihnen erfragt wie z. B. „Welche Leistungen der Pflegeversicherung beantragen Sie?“ Zur Auswahl werden in der Regel angeboten:

Geldleistung (Pflegegeld)
Angehörige, Freunde oder Nachbarn sollen Sie zu Hause versorgen.

Sachleistung (häusliche Pflegehilfe)
Ein ambulanter Pflegedienst soll die Pflege übernehmen.

> ***Praxis-Tipp:***
>
> *Wenn Sie sowohl von Angehörigen versorgt werden als auch von einem ambulanten Pflegedienst, dann kreuzen Sie einfach beide Leistungen an. Sollte im Formular der Pflegekasse zusätzlich zu den oben genannten Leistungen die „Kombinationsleistung“ zur Auswahl stehen, kreuzen Sie einfach diese Leistung an, wenn Sie sowohl durch Angehörige als auch den Pflegedienst versorgt werden wollen.*

Vollstationäre Pflege
Sie wollen in ein Pflegeheim umziehen.
Zusätzlich werden z. B. diese Informationen erfragt:

- Welche behandelnden Ärzte gibt es?
- Gibt es einen gerichtlich bestellten Betreuer?
- Ist ein Arbeitsunfall der Grund für den Antrag?
- Wann ist für Sie ein Begutachtungstermin am besten? Lesen Sie dazu meine Hinweise im Abschnitt „Der Begutachtungstermin".

Praxis-Tipp:

Auf dem Antragsformular ist oft bereits ein Antragsdatum eingetragen. Prüfen Sie, ob es das Datum ist, an dem Sie das Formular telefonisch angefordert haben. Falls nicht, korrigieren Sie das Antragsdatum.

4

Das ausgefüllte Antragsformular gibt die Pflegekasse zusammen mit dem Begutachtungsauftrag an die für die Begutachtung zuständige Stelle weiter. Bei gesetzlichen Pflegekassen ist das der Medizinische Dienst der Krankenversicherung, kurz MD genannt. Bei der Bundesknappschaft-Bahn-See ist das der eigene Sozialmedizinische Dienst. Bei der privaten Pflegepflichtversicherung ist es das Unternehmen Medicproof.

Für die Pflegekasse beginnen nun z. B. folgende Fristen zu laufen:

Beratungstermin innerhalb von zwei Wochen

Innerhalb von zwei Wochen muss Ihre Pflegekasse Ihnen einen Beratungstermin anbieten und Ihnen dafür einen Ansprechpartner nennen.

Kann sie das nicht, muss sie Ihnen einen Gutschein für die Beratung durch eine unabhängige Stelle zusenden und Ihnen mitteilen, wo Sie diesen Gutschein einlösen können.

Praxis-Tipp:

Wenn Sie das wünschen, muss der Berater zu Ihnen nach Hause kommen. In diesem Fall ist eine Beratung auch nach den oben genannten zwei Wochen möglich. Ich rate grundsätzlich dazu, dass der Berater nach Hause kommt. So kann er Ihre Pflegesituation am besten einschätzen und Sie optimal beraten.

Entscheidungsversand spätestens am 25. Arbeitstag

Die Pflegekasse muss das Schreiben, mit dem sie Ihnen ihre Entscheidung zu Ihrem Antrag mitteilt, spätestens am 25. Arbeitstag, nachdem sie Ihren Antrag bekommen hat, an Sie versenden.

> ***Praxis-Tipp:***
>
> *Vielleicht fragen Sie sich jetzt: Was sind Arbeitstage? Arbeitstage sind die Tage von Montag bis Freitag. Gesetzliche Feiertage sind ebenso wie Samstag und Sonntag keine Arbeitstage.*

Damit die Pflegekasse diese Frist einhalten kann, muss in diesen 25 Arbeitstagen viel passieren, z. B.:

- Die Pflegekasse beauftragt einen Gutachter mit der Prüfung, ob Sie pflegebedürftig sind.
- Der Gutachter vereinbart mit Ihnen einen Termin für die persönliche Begutachtung.
- Der Begutachtungstermin findet statt.
- Der Gutachter verfasst sein Gutachten und sendet es an die Pflegekasse.
- Die Pflegekasse entscheidet über Ihren Antrag und versendet das Schreiben.

> ***Praxis-Tipp:***
>
> *Der Begutachtungstermin muss innerhalb von 20 Arbeitstagen nach Ihrem Antrag durchgeführt werden. Wird diese Frist nicht eingehalten, muss die Pflegekasse Ihnen mindestens drei unabhängige Gutachter nennen. Sie wählen davon einen aus und informieren die Pflegekasse innerhalb einer Woche, für welchen Gutachter Sie sich entschieden haben.*

In besonderen Fällen Eilbegutachtung

Nun kann es aber sein, dass Sie so schwer erkranken, dass Sie im Krankenhaus behandelt werden müssen. Sollten Sie nach der Entlassung aus dem Krankenhaus auf Leistungen der Pflegeversicherung angewiesen sein, können diese beantragt werden, noch während Sie im Krankenhaus behandelt werden. In diesem Fall muss ein Gutachter innerhalb von fünf Arbeitstagen prüfen, ob Sie pflegebedürftig sind. Diese Eilbegutachtung gilt auch dann, wenn Sie

- nach einer stationären Rehabilitation auf Hilfe angewiesen sind oder
- in einem Hospiz behandelt bzw. in der Sterbephase zu Hause versorgt werden.

Innerhalb von zehn Arbeitstagen nach dem Eingang Ihres Antrags ist die Begutachtung durchzuführen, wenn Sie sich in häuslicher Umgebung befinden, ohne palliativ versorgt zu werden, und Ihr naher Angehöriger

- seinem Arbeitgeber Pflegezeit angekündigt hat oder
- mit seinem Arbeitgeber Familienpflegezeit vereinbart hat.

Nachlesen können Sie die verkürzten Fristen für die Begutachtung in § 18 Abs. 3 Satz 3 bis 5 SGB XI.

Der Gutachter gibt nach der Eilbegutachtung eine vorläufige Empfehlung ab. Diese beschränkt sich darauf, ob Sie pflegebedürftig sind und, falls ja, ob mindestens Pflegegrad 2 vorliegt.

Die abschließende Begutachtung wird durchgeführt, wenn Sie wieder zu Hause sind oder in ein Pflegeheim eingezogen sind. Sollten Sie nach einer stationärer Behandlung im Krankenhaus zunächst in einer Kurzzeitpflegeeinrichtung versorgt werden, muss die abschließende Begutachtung spätestens am zehnten Tag der Kurzzeitpflege in dieser Einrichtung erfolgen.

> ***Praxis-Tipp:***
>
> *Die Gutachter geben ihre vorläufige Empfehlung fast immer aufgrund der ihnen vorliegenden Akten. Fachleute sagen dazu: „nach Aktenlage“. Rechnen Sie also nicht mit dem Besuch des Gutachters im Krankenhaus oder in der Rehabilitationseinrichtung!*

Mehr zur Pflegezeit und Familienpflegezeit erfahren Sie im Kapitel „Rechte pflegender Angehöriger“.

4

70 Euro „Strafzahlung“ bei Fristüberschreitung

Leider werden die 25-Arbeitstage-Frist und die verkürzten Fristen für die Eilbegutachtung oft nicht eingehalten.

Sollte die Pflegekasse dafür verantwortlich sein, muss sie eine Strafe zahlen. Die Frist für die Eilbegutachtung gilt zwar für den von der Pflegekasse beauftragten Gutachter. Dennoch ist die Pflegekasse auch für diese Verzögerungen verantwortlich.

4

Die Strafe beträgt 70 Euro für jede angefangene Woche der Fristüberschreitung. Der Betrag ist an Sie zu zahlen. Das gilt nicht, wenn Sie bereits im Pflegeheim leben und mindestens Pflegegrad 2 haben.

Nachlesen können Sie das in § 18 Abs. 3b SGB XI.

Vielleicht fragen Sie sich jetzt: Was passiert, wenn sich die Begutachtung verzögert, weil ich z. B. erneut im Krankenhaus behandelt werden muss oder den Begutachtungstermin absagen muss, weil die Vertrauensperson, die dabei sein sollte, an diesem Tag verhindert ist?

In diesen Situationen wird die Frist unterbrochen. Das bedeutet, dass z. B. ab dem Tag, an dem die erneute Krankenhausbehandlung beginnt, der Fristablauf stoppt und an dem Tag, an dem die Pflegekasse über das Ende der Krankenhausbehandlung informiert wird, weiterläuft. Zum besseren Verständnis hier ein kurzes Beispiel:

Beispiel 25-Arbeitstage-Frist:

29.01.2024: Antrag auf Leistungen der Pflegeversicherung geht bei der Pflegekasse ein

10.02.2024: Antragsteller wird ins Krankenhaus eingewiesen

15.02.2024: Antragsteller wird nach Hause entlassen, Pflegekasse wird am selben Tag informiert

Die 25-Arbeitstage-Frist wird wie folgt berechnet:

30.01.2024: Fristbeginn

10.–15.02.2024: Frist ruht

16.02.2024: Frist läuft weiter

08.03.2024: Fristende

So wird die ggf. zu leistende „Strafzahlung“ ermittelt:
Bescheid der Pflegekasse versandt am 27.03.2024
(Die Fristüberschreitung ist von der Pflegekasse zu verantworten, der Antragsteller befindet sich nicht in stationärer Pflege.)

1. Woche Fristüberschreitung ab 11.03.2024
2. Woche der Fristüberschreitung ab 18.03.2024
3. Woche der Fristüberschreitung ab 25.03.2024 (zählt als begonnene Woche der Fristüberschreitung)

Überweisung an den Antragsteller: 210 € (70 € x 3 Wochen)

Wichtig: Informieren Sie die Pflegekasse bitte umgehend, sobald der Grund für die Unterbrechung entfallen ist, im Beispiel also unmittelbar nach Ihrer Entlassung aus dem Krankenhaus.

Die oben genannte 25-Arbeitstage-Frist und die verkürzten Fristen werden auch dann nur unterbrochen, wenn die Pflegekasse von Ihnen zusätzliche Angaben fordert, um Ihren Antrag bearbeiten zu können. In diesem Fall beginnt die jeweilige Frist wieder zu laufen, wenn der Pflegekasse die geforderten Angaben vorliegen.

So wird der Pflegegrad berechnet

Welche Bereiche werden für den Pflegegrad geprüft?

Für den Pflegegrad bewertet der Gutachter Ihre Selbstständigkeit und Ihre Fähigkeiten in sechs Bereichen. Diese werden auch Module genannt. Im Gesetz stehen für jedes Modul Tabellen. Diese Tabellen enthalten die Handlungen und Fähigkeiten, die bewertet werden.

Hier sehen Sie die Module im Überblick:

1. Mobilität
2. Kognitive und kommunikative Fähigkeiten
3. Verhaltensweisen und psychische Probleme
4. Selbstversorgung

5. Bewältigung von und selbstständiger Umgang mit krankheits- oder therapiebedingten Anforderungen und Belastungen
6. Gestaltung des Alltagslebens und sozialer Kontakte

Hat jedes Modul dieselbe Bedeutung für den Pflegegrad?

Die Abbildung zeigt, wie viel Prozent des Pflegegrades die einzelnen Module maximal ausmachen.

Von den Modulen „Kognitive und kommunikative Fähigkeiten“ und „Verhaltensweisen und psychische Problemlagen“ wird nur das für den Pflegegrad berücksichtigt, das von beiden die meisten Pflegegrad-Punkte erhält.

Module für das Begutachtungsverfahren

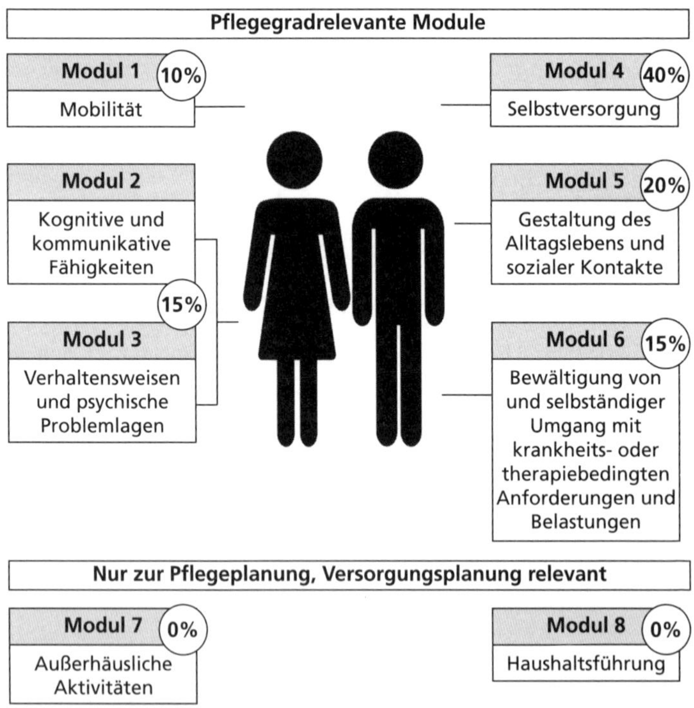

Welche Pflegegrade gibt es?

Es gibt 5 Pflegegrade. Das sind:

Pflegegrad 1

Ihre Selbstständigkeit oder Ihre Fähigkeiten im Alltag sind in einem geringen Maße beeinträchtigt.

Pflegegrad 2

Ihre Selbstständigkeit oder Ihre Fähigkeiten im Alltag sind erheblich beeinträchtigt.

Pflegegrad 3

Ihre Selbstständigkeit oder Ihre Fähigkeiten im Alltag sind schwer beeinträchtigt.

Pflegegrad 4

Ihre Selbstständigkeit oder Ihre Fähigkeiten im Alltag sind schwerstens beeinträchtigt.

Pflegegrad 5

Ihre Selbstständigkeit oder Ihre Fähigkeiten im Alltag sind schwerstens beeinträchtigt und stellen an Ihre Pflege besondere Anforderungen.

Der Gutachter bewertet alle Handlungen und Fähigkeiten, die im Gesetz stehen. Er bewertet Ihre Selbstständigkeit und Ihre Fähigkeiten darum auch für Handlungen,

- die Sie aufgrund gesundheitlicher Probleme nicht mehr durchführen können, z. B. Baden, weil Sie nicht in die Badewanne hinein- und wieder heraussteigen können,
- die Sie, z. B. aufgrund einer körperlichen oder geistigen Behinderung, noch nie bewältigen konnten und
- die in Ihrem Wohnumfeld gar nicht vorkommen, z. B. Treppensteigen, obwohl Sie keine Treppe überwinden müssen.

> ***Praxis-Tipp:***
>
> *Das ist für Sie eine große Chance. Denn seien wir ehrlich: Was haben Sie als Erstes getan, als Sie gemerkt haben, dass Sie z. B. nicht mehr allein in die Badewanne kommen? Sie duschen seitdem – oder?*

Wie werden die gewichteten Punkte für den Pflegegrad ermittelt?

Für Handlungen, bei denen Sie die Hilfe anderer Personen brauchen, vergibt der Gutachter Einzelpunkte. Einzelpunkte vergibt er auch für Fähigkeiten, die nur eingeschränkt vorhanden sind. Danach werden die gewichteten Punkte für den Pflegegrad ermittelt. Das hört sich schwierig an. Tatsächlich ist es einfach. Das folgende Beispiel zeigt, wie es geht.

Schritt 1: Die in einem Modul ermittelten Einzelpunkte werden für dieses Modul zusammengerechnet.

Beispiel:

Im Modul 1 – Mobilität wurden diese Einzelpunkte vergeben:

Kriterium	Einzel-punkte
Positionswechsel im Bett	0
Halten einer stabilen Sitzposition	0
Umsetzen	1
Fortbewegen innerhalb des Wohnbereichs	1
Treppensteigen	2
Einzelpunkte gesamt:	4

Schritt 2: Auf der Basis der für das Modul insgesamt erreichten Einzelpunkte werden die Punkte für den Pflegegrad ermittelt. Dazu steht im Gesetz eine Tabelle, in der festgelegt ist, wie viele Einzelpunkte für jedes Modul wie viele Punkte für den Pflegegrad ergeben (SGB XI, Anlage 2).

Beispiel: Modul 1 – Mobilität

Einzelpunkte	Pflegegrad-Punkte
0–1	0
2–3	2,5

Einzelpunkte	Pflegegrad-Punkte
4–5	5
6–9	7,5
10–15	10

4 Einzelpunkte im Modul 1 – Mobilität bedeuten also 5 Punkte für den Pflegegrad.

Schritt 3: Die für jedes Modul ermittelten Pflegegrad-Punkte werden zusammengerechnet.

Nachdem für jedes Modul mit den Schritten 1 und 2 Pflegegrad-Punkte ermittelt wurden, werden diese nun einfach zusammengezählt. Das Besondere: Von den beiden Bereichen „Kognitive und kommunikative Fähigkeiten" und „Verhaltensweisen und psychische Problemlagen" wird nur der höhere Wert gezählt.

Beispiel:

Modul	Pflegegrad-Punkte
Mobilität	5
Kognitive und kommunikative Fähigkeiten*	3,75
Verhaltensweisen und psychische Problemlagen	7,5
Selbstversorgung	20
Umgang mit und selbstständige Bewältigung von krankheits- und therapiebedingten Anforderungen und Belastungen	5
Gestaltung des Alltagslebens und sozialer Kontakte	3,75
Pflegegrad-Punkte gesamt	**41,25**

* Die 3,75 Pflegegrad-Punkte aus dem Bereich „Kognitive und kommunikative Fähigkeiten" werden nicht mitgezählt, weil im Bereich „Verhaltensweisen und psychische Problemlagen" mehr Pflegegrad-Punkte erreicht wurden.

Wie viele Punkte ergeben welchen Pflegegrad?

Auch dazu gibt es im Gesetz klare Vorgaben. Diese sehen so aus:

Pflegegrad-Punkte	Pflegegrad
ab 12,5	1
ab 27	2
ab 47,5	3
ab 70	4
ab 90	5

Beispiel:

Ermittelt wurden 41,25 Pflegegrad-Punkte. Das entspricht dem Pflegegrad 2.

Praxis-Tipp:

Insgesamt können 100 Pflegegrad-Punkte erreicht werden. Davon entfallen 15 auf den Bereich „Kognitive und kommunikative Fähigkeiten“ oder „Verhaltensweisen und psychische Problemlagen“. Das ist ein Problem. Menschen, die ausschließlich körperlich beeinträchtigt sind, können maximal 85 Pflegegrad-Punkte erreichen. Für den höchsten Pflegegrad, den Pflegegrad 5, ist das zu wenig. Der Gesetzgeber hat dieses Problem erkannt und erlaubt, dass diese Menschen trotzdem den Pflegegrad 5 bekommen. Voraussetzung dafür ist eine „besondere Bedarfskonstellation“. Diese liegt vor, wenn der Betroffene weder gehen, stehen noch greifen kann. Das ist z. B. bei einer Querschnittlähmung im Bereich der Halswirbelsäule der Fall.

Wie bewertet der Gutachter konkret?

Bevor ich zu den Details komme: Wundern Sie sich nicht, wenn Sie beim Lesen der zu bewertenden Handlungen und Fähigkeiten den Amtsschimmel wiehern hören. Das liegt daran, dass ich diese eins zu eins aus den „Richtlinien zum Verfahren der Feststellung von Pflegebedürftigkeit sowie zur pflegefachlichen Konkretisierung der Inhalte des Begutachtungsinstruments nach dem Elften Buch des Sozialgesetzbuches (Begutachtungs-Richtlinien – BRi)“ entnommen habe.

Modul 1: Mobilität

Bei den Handlungen in diesem Modul dreht sich alles um Ihre körperliche Fähigkeit zur Fortbewegung sowie zur Lageveränderung des Körpers. Bewertet wird, ob und in welchem Maße Sie dazu in der Lage ist, sich in Ihrer Wohnung selbstständig zu bewegen. Maßgebend für den Grad der Selbstständigkeit sind Umfang und Intensität von Hilfestellungen durch andere Personen.

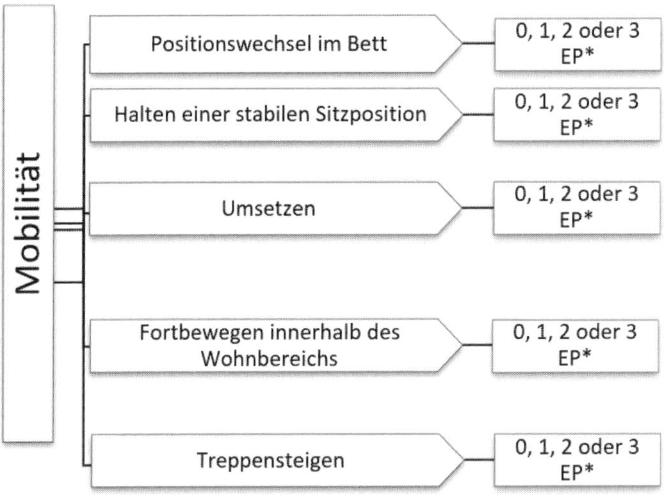

* EP = Einzelpunkte

Bewertet wird Ihre Selbstständigkeit bei diesen Handlungen auch dann, wenn Sie diese nicht bewältigen müssen. So wird z. B. Ihre Selbstständigkeit beim Treppensteigen auch bewertet, wenn es in Ihrer Wohnung oder Ihrem Haus keine Treppe gibt.

Unterschieden werden folgende vier Selbstständigkeits-Grade:

Selbstständig:

Mit „selbstständig“ werden die Handlungen bewertet, die Sie allein bewältigen. Das gilt auch dann, wenn

- Ihnen die Handlung schwerfällt,
- Sie dafür länger brauchen als gesunde Menschen oder
- Sie die Handlung nur mithilfe von z. B. Hilfsmitteln, Haltegriffen oder Geräten bewältigen können.

Können Sie sich allein, z. B. mit einem Rollator, in der Wohnung bewegen oder an einem Bettgalgen vom Liegen in den Sitz ziehen, werden Sie bei diesen Handlungen mit „selbstständig“ bewertet.

Für jede Handlung, die der Gutachter mit „selbstständig“ bewertet, vergibt er 0 Einzelpunkte.

Sobald Ihnen eine andere Person helfen muss, werden Sie bei der Handlung nicht mehr mit „selbstständig“ bewertet. Der Gutachter schätzt dann auf der Grundlage der von ihm bei der Begutachtung erhobenen Befunde ein, in welchem Umfang Sie sich an der Handlung beteiligen können. Dabei wendet er diese Bewertungsgrundsätze an:

Beispiel „Fortbewegen im Wohnbereich“:

Überwiegend selbstständig:

Eine andere Person muss Ihnen nur wenig helfen. Sie stellt Ihnen z. B. nur ein Hilfsmittel bereit (z. B. Rollator oder Gehstock), beobachtet Sie zur Sicherheit oder stützt Sie gelegentlich ab bzw. hakt sich unter.

Für jede Handlung, die der Gutachter mit „überwiegend selbstständig“ bewertet, vergibt er 1 Einzelpunkt.

Überwiegend unselbstständig:

Sie können nur wenige Schritte gehen oder sich mit dem Rollstuhl nur wenige Meter fortbewegen oder nur durch eine andere Person gestützt laufen oder gehen, wenn Sie sich an einer anderen Person festhalten. Sollten Sie sich dafür entscheiden, sich in Ihrer Wohnung krabbelnd oder robbend fortzubewegen, ändert dies nichts an der Bewertung als „überwiegend unselbstständig“.

Für jede Handlung, die der Gutachter mit „überwiegend unselbstständig“ bewertet, vergibt er 2 Einzelpunkte.

Unselbstständig:
Sie müssen getragen werden bzw. Ihr Rollstuhl muss von einer anderen Person geschoben werden.
Jede Handlung mit der Bewertung „unselbstständig“ bedeutet 3 Einzelpunkte.

So fließen die in Modul 1 erreichten Einzelpunkte in den Pflegegrad ein:

Einzelpunkte	Pflegegrad-Punkte
0–1	0
2–3	2,5
4–5	5
6–9	7,5
10–15	10

Modul 1 - Besondere Bedarfskonstellation

Im Zusammenhang mit dem Modul 1 prüft der Gutachter, ob eine besondere Bedarfskonstellation vorliegt. Nach § 15 Abs. 4 SGB XI können Antragsteller, bei denen eine solche vorliegt, aus pflegefachlichen Gründen in den Pflegegrad 5 eingestuft werden, obwohl sie weniger als die dafür erforderlichen 90 Pflegegrad-Punkte erreichen.

Eine besondere Bedarfskonstellation wird wie folgt beschrieben:

Gebrauchsunfähigkeit beider Arme und beider Beine
Vollständiger Verlust der Greif-, Steh- und Gehfunktionen.

Das Kriterium der „Gebrauchsunfähigkeit beider Arme und beider Beine“ umfasst die Bewegungsunfähigkeit der Arme **und** Beine, die durch Lähmungen aller Extremitäten hervorgerufen werden kann. Ein vollständiger Verlust der Greif-, Steh- und Gehfunktion kann z. B. im Wachkoma vorkommen oder durch hochgradige Kontrakturen bzw. Spastiken bedingt sein. Eine Gebrauchsunfähigkeit beider Arme und beider Beine liegt auch vor, wenn eine minimale Restbeweglichkeit der Arme noch vorhanden ist, z. B. mit dem Ellenbogen noch der Joystick eines Rollstuhls bedient werden kann.

Modul 2: Kognitive und kommunikative Fähigkeiten

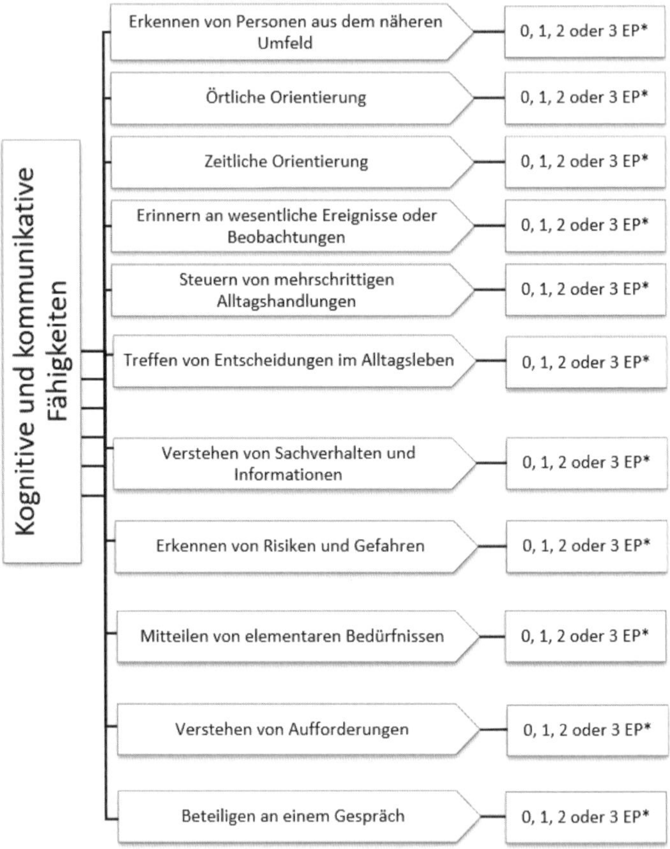

* EP = Einzelpunkte

Der Gutachter bewertet in diesem Modul Ihre kognitiven und kommunikativen Fähigkeiten. Ob Sie die damit zusammenhängenden Handlungen körperlich bewältigen könnten, spielt keine Rolle.

So ist z. B. bei der Fähigkeit „Entscheiden" zu klären, ob Sie sinnvolle Entscheidungen treffen können (bspw. Auswahl von warmen Kleidungsstücken bei Kälte). Ob Sie körperlich dazu in der Lage sind, die warmen Kleidungsstücke aus dem Schrank zu nehmen und anzuziehen, spielt jedoch keine Rolle.

Bei den letzten drei Fähigkeiten muss der Gutachter auch Hör-, Sprech- oder Sprachstörungen berücksichtigen.

Bewertet werden Ihre Fähigkeiten nach den folgenden vier Abstufungen:

Fähigkeit vorhanden

Das ist selbsterklärend. Als vorhanden werden auch Fähigkeiten bewertet, bei denen Sie nur selten und nicht regelmäßig Probleme haben.

Für jede Fähigkeit, die der Gutachter mit „vorhanden" bewertet, vergibt er 0 Einzelpunkte.

Sobald eine Fähigkeit beeinträchtigt ist, wendet der Gutachter diese Bewertungsgrundsätze an:

Beispiel „Verstehen von Sachverhalten und Informationen":

Fähigkeit größtenteils vorhanden:

Sie verstehen einfache Sachverhalte und Informationen. Bei komplizierten Sachverhalten und Informationen haben Sie aber Probleme.

Für jede Fähigkeit, die der Gutachter mit „größtenteils vorhanden" bewertet, vergibt er 1 Einzelpunkt.

Fähigkeit in geringem Maße vorhanden:

Sie können auch einfache Informationen häufig nur nachvollziehen, wenn sie wiederholt erklärt werden. Eine schwere Beeinträchtigung liegt auch dann vor, wenn Ihr Verständnis sehr stark von der Tagesform abhängt.

Für jede Fähigkeit, die der Gutachter mit „in geringem Maße vorhanden" bewertet, vergibt er 2 Einzelpunkte.

Fähigkeit nicht vorhanden:

Sie zeigen weder durch Worte noch durch Zeichen, dass Sie Situationen und Informationen verstehen.

Jede Fähigkeit mit der Bewertung „nicht vorhanden" bedeutet 3 Einzelpunkte.

Modul 3: Verhaltensweisen und psychische Problemlagen

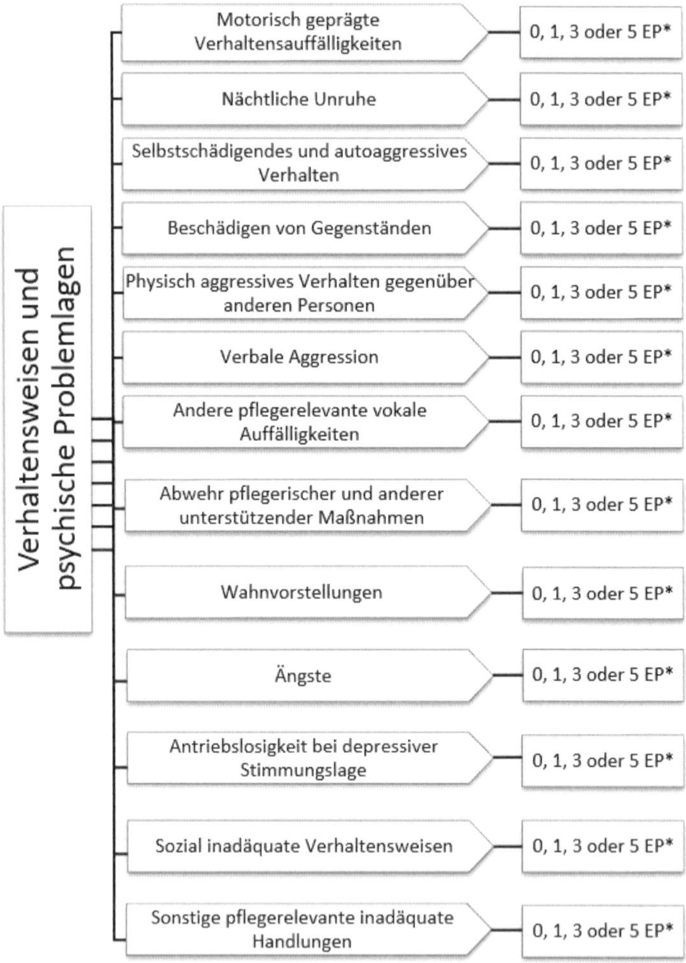

* EP = Einzelpunkte

In diesem Modul erfasst der Gutachter, wie oft andere Menschen eingreifen und Ihnen helfen müssen, weil Sie psychische Probleme haben.

Treten verschiedene Verhaltensweisen zusammen auf, darf die Häufigkeit nur einmal erfasst werden, z. B. die Hilfe bei nächtlicher Unruhe aufgrund von Angstzuständen entweder bei „Nächtliche Unruhe“ oder bei „Ängste“.

Die bei den einzelnen Kriterien beschriebenen Verhaltensauffälligkeiten und psychischen Probleme sind Beispiele. Es können also auch weitere, in der Tabelle nicht genannte Verhaltensauffälligkeiten und psychische Probleme berücksichtigt werden.

Wie am Anfang beschrieben, geht es hier nicht darum, wie häufig eine auffällige Verhaltensweise oder psychische Problemlage auftritt.

Es geht darum, wie häufig eine andere Person eingreifen bzw. Sie unterstützen muss, um Ihnen in einer solchen Situation zu helfen. Nach dieser Häufigkeit werden die Einzelpunkte wie folgt vergeben:

Nie oder sehr selten

0 Einzelpunkte

Selten (ein- bis dreimal innerhalb von zwei Wochen)

1 Einzelpunkt

Häufig (zweimal bis mehrmals wöchentlich, aber nicht täglich)

3 Einzelpunkte

Täglich

5 Einzelpunkte

So fließen die in Modul 2 und 3 erreichten Einzelpunkte in den Pflegegrad ein:

Einzelpunkte Modul 2	Einzelpunkte Modul 3	Pflegegrad-Punkte
0–1	0	0
2–5	1–2	3,75
6–10	3–4	7,5
11–16	5–6	11,25
17–33	7–65	15

Zu berücksichtigen ist hier, dass für den Pflegegrad nur das der beiden Module berücksichtigt wird, in dem die höchste Anzahl von Pflegegrad-Punkten erreicht wurde.

Praxis-Tipp:

Wenn Sie eine psychische Erkrankung mit Verhaltensauffälligkeiten haben oder jemanden kennen, auf den das zutrifft, können Sie mit dem Modul 3 schnell testen, ob es sich lohnt, Leistungen der Pflegeversicherung zu beantragen. Wie Sie in der obigen Tabelle sehen, genügen im Modul 3 bereits 7 Einzelpunkte, um die für die Module 2 und 3 maximal mögliche Anzahl von 15 Pflegegrad-Punkten zu erreichen. Das bedeutet konkret, dass im Modul 3 eine andere Person nur bei einer Verhaltensweise oder psychischen Problemlage täglich eingreifen muss und bei einer weiteren häufig.

Modul 4: Selbstversorgung

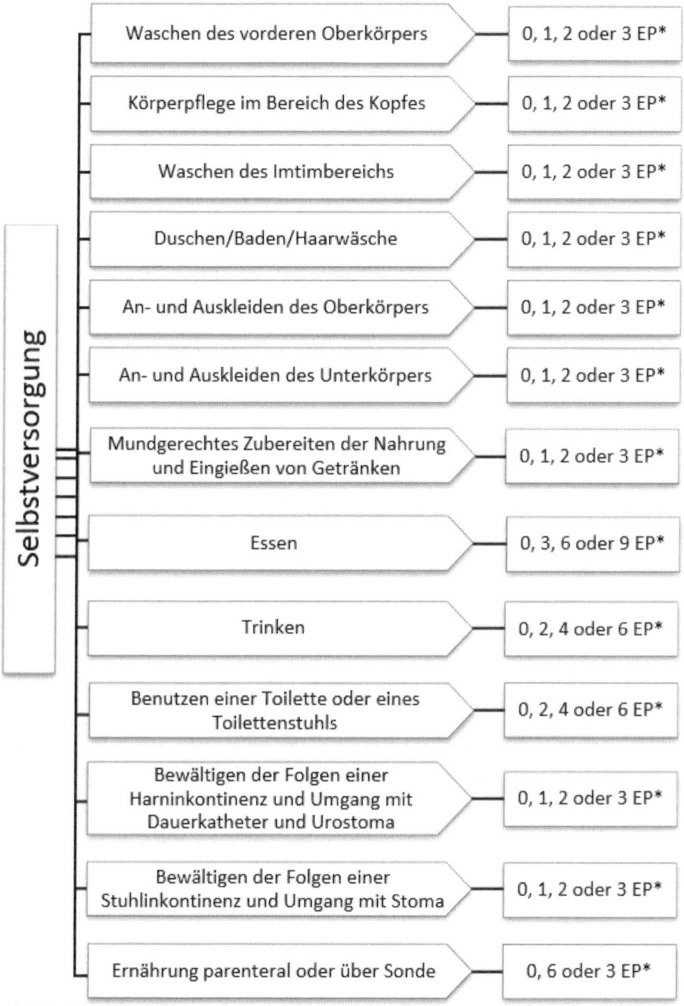

* EP = Einzelpunkte

Zunächst erfasst der Gutachter diese Besonderheiten:

- Ernährung parenteral oder über Sonde
- Blasenkontrolle, Harnkontinenz
- Darmkontrolle, Stuhlkontinenz

Der Gutachter bewertet hier, ob Sie die einzelnen Handlungen selbst durchführen können.

Für den Grad der Selbstständigkeit ist auch hier der Umfang maßgebend, in dem Sie von anderen Personen unterstützt werden müssen.

Bewertet wird Ihre Selbstständigkeit bei diesen Handlungen auch dann, wenn Sie diese nicht bewältigen müssen. So wird z. B. Ihre Selbstständigkeit beim „Duschen und Baden einschließlich Waschen der Haare" auch dann bewertet, wenn Sie das schon lange nicht mehr getan haben.

Unterschieden werden folgende vier Selbstständigkeits-Grade:

Selbstständig

Mit „selbstständig" werden die Handlungen bewertet, die Sie allein bewältigen. Das gilt auch dann, wenn

- Ihnen die Handlung schwerfällt,
- Sie dafür länger brauchen als gesunde Menschen oder
- Sie die Handlung nur mithilfe von z. B. Hilfsmitteln, Haltegriffen oder Geräten bewältigen können.

Für jede Handlung, die der Gutachter mit „selbstständig" bewertet, vergibt er 0 Einzelpunkte.

Sobald Ihnen eine andere Person helfen muss, werden Sie bei der Handlung nicht mehr mit „selbstständig" bewertet. Der Gutachter schätzt dann auf der Grundlage der von ihm bei der Begutachtung erhobenen Befunde ein, in welchem Umfang Sie sich an der Handlung beteiligen können. Dabei wendet er diese Bewertungsgrundsätze an:

Beispiel „Körperpflege im Bereich des Kopfes":

Überwiegend selbstständig:

Eine andere Person muss Sie nur in geringem Umfang unterstützen. Diese Hilfe beschränkt sich z. B. auf

- Aufdrehen der Zahnpastatube, Auftragen der Zahnpasta auf die Bürste, Aufbringen von Haftcreme auf die Prothese
- Anreichen oder Säubern des Rasierapparates.

Auch Aufforderungen und Teilhilfen in geringem Umfang führen zu der Bewertung „überwiegend selbstständig“. Solche Teilhilfen können z. B. sein:

- Korrekturen nach dem Kämmen
- nur das Kämmen des Hinterkopfes
- das Reinigen der hinteren Backenzähne bei der Zahn- und Mundpflege
- die Nachrasur bei sonst selbstständigem Rasieren

Für jede Handlung, die der Gutachter mit „überwiegend selbstständig“ bewertet, vergibt er 1 Einzelpunkt. Anders ist das bei

- „Essen“, hier vergibt der Gutachter 3 Einzelpunkte,
- „Trinken“, hier vergibt der Gutachter 2 Einzelpunkte, und
- „Benutzen einer Toilette oder eines Toilettenstuhls“, hier vergibt der Gutachter ebenfalls 2 Einzelpunkte.

Überwiegend unselbstständig:

Sie können nur einen geringen Anteil der Handlung übernehmen. So beginnen Sie z. B. mit dem Zähneputzen oder der Rasur, ohne die Handlung zu Ende zu führen.

Für jede Handlung, die der Gutachter mit „überwiegend unselbstständig“ bewertet, vergibt er 2 Einzelpunkte. Anders ist das bei

- „Essen“, hier vergibt der Gutachter 6 Einzelpunkte,
- „Trinken“, hier vergibt der Gutachter 4 Einzelpunkte, und
- „Benutzen einer Toilette oder eines Toilettenstuhls“, hier vergibt der Gutachter ebenfalls 4 Einzelpunkte.

Unselbstständig:

Sie können sich an der Handlung nicht mehr beteiligen oder nur minimal. Für jede Handlung, die der Gutachter mit „unselbstständig“ bewertet, vergibt er 3 Einzelpunkte. Anders ist das bei

- „Essen“, hier vergibt der Gutachter 9 Einzelpunkte,
- „Trinken“, hier vergibt der Gutachter 6 Einzelpunkte, und

- „Benutzen einer Toilette oder eines Toilettenstuhls“, hier vergibt der Gutachter ebenfalls 6 Einzelpunkte.

So fließen die in Modul 4 erreichten Einzelpunkte in den Pflegegrad ein:

Einzelpunkte	Pflegegrad-Punkte
0–2	0
3–7	10
8–18	20
19–36	30
37–54	40

Modul 5: Umgang mit und selbstständige Bewältigung von krankheits- und therapiebedingten Anforderungen und Belastungen

In diesem Modul werden vom Gutachter in einem ersten Schritt alle im Zusammenhang mit der Behandlung Ihrer Krankheiten ärztlich angeordneten Maßnahmen erfasst. Der Gutachter erfragt bei der Begutachtung auch, wie oft Sie zum Arzt oder zu Therapeuten müssen und wie viel Zeit dafür inklusive Hin- und Rückfahrt notwendig ist.

Im zweiten Schritt prüft er, welche der zuvor erfassten Maßnahmen und Anforderungen voraussichtlich für mindestens sechs Monate bestehen werden.

Im dritten Schritt schätzt er ein, wie häufig Sie bei den dauerhaft erforderlichen Maßnahmen die Hilfe einer anderen Person benötigen. Die Grundlage dafür sind die Befunde, die er bei der Begutachtung erhoben hat, und Ihre Angaben.

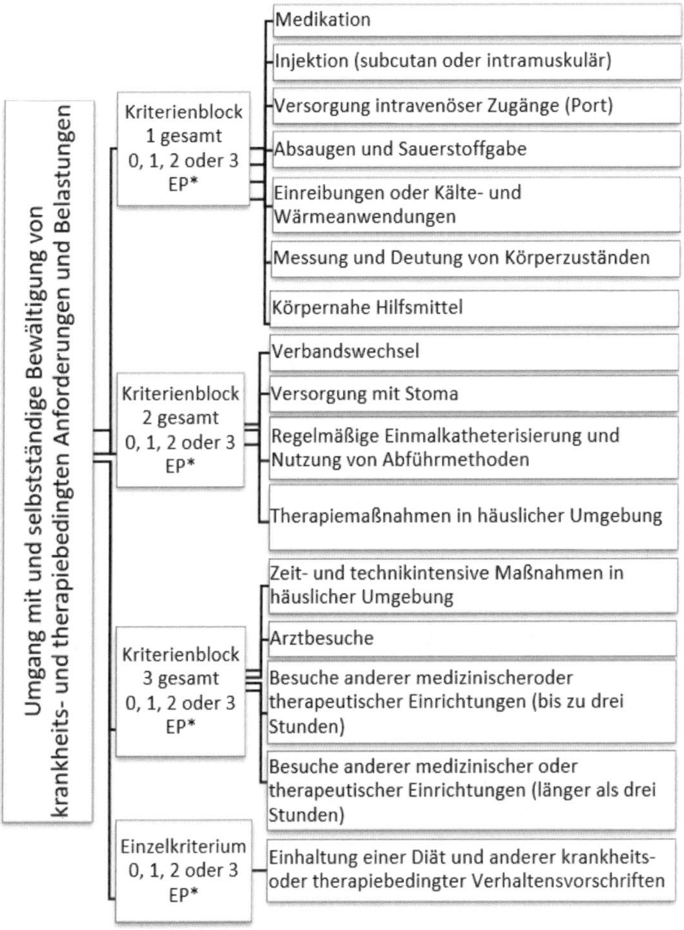

* EP = Einzelpunkte

Einzelpunkte gibt es in diesem Modul also nicht dafür, dass Sie ärztlich angeordnete Maßnahmen befolgen müssen oder Ärzte und Therapeuten aufsuchen. Einzelpunkte gibt es nur für die Maßnahmen und Anforderungen, bei denen andere Personen Ihnen helfen müssen.

Die Anzahl der Einzelpunkte hängt davon ab, wie häufig das der Fall ist. Eine Ausnahme davon gibt es beim „Einhalten einer Diät oder anderer krankheits- oder therapiebedingten Verhaltensvorschriften". Hier kommt wieder die Bewertungsskala zum Einsatz, die Sie bereits aus den Modulen 1 und 4 kennen. Das sind:

„selbstständig" = 0 Einzelpunkte
„überwiegend selbstständig" = 1 Einzelpunkt
„überwiegend unselbstständig" = 2 Einzelpunkte
„unselbstständig" = 3 Einzelpunkte

So fließen die in Modul 5 erreichten Einzelpunkte in den Pflegegrad ein:

Einzelpunkte	Pflegegrad-Punkte
0	0
1	5
2–3	10
4–5	15
6–15	20

Modul 6: Gestaltung des Alltagslebens und sozialer Kontakte

In diesem Modul wird bewertet, ob Sie praktisch dazu in der Lage sind, die in der Tabelle stehenden Handlungen allein zu bewältigen. Der Gutachter orientiert sich hier an Ihrem aktuellen Alltag. Dazu wird er Sie nach Ihrem üblichen Tagesablauf fragen.

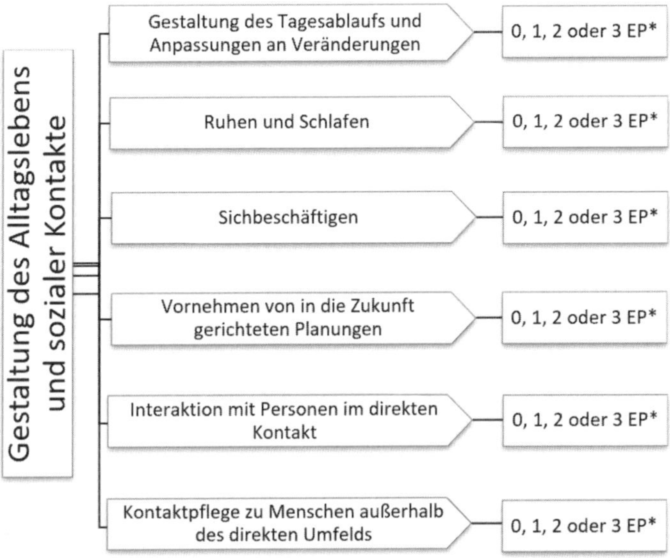

* EP = Einzelpunkte

Bewertet wird Ihre Selbstständigkeit bei diesen Handlungen in Abhängigkeit davon, in welchem Umfang andere Personen Ihnen helfen müssen. Unterschieden werden folgende vier Selbstständigkeits-Grade:

Selbstständig

Mit „selbstständig“ werden die Handlungen bewertet, die Sie allein bewältigen. Das gilt auch dann, wenn

- Ihnen die Handlung schwerfällt,
- Sie dafür länger brauchen als gesunde Menschen oder
- Sie die Handlung nur mithilfe von z. B. Hilfsmitteln, Haltegriffen oder Geräten bewältigen können.

Für jede Handlung, die der Gutachter mit „selbstständig“ bewertet, vergibt er 0 Einzelpunkte.

Sobald Ihnen eine andere Person helfen muss, werden Sie bei der Handlung nicht mehr mit „selbstständig“ bewertet. Der Gutachter schätzt dann auf der Grundlage der von ihm bei der Begutachtung erhobenen Befunde ein, in welchem Umfang Sie sich an der Handlung beteiligen können. Dabei wendet er diese Bewertungsgrundsätze an:

Beispiel „Sichbeschäftigen":

Überwiegend selbstständig:

Eine andere Person hilft Ihnen nur wenig, z. B.

- legt sie Utensilien wie Bastelmaterial, Fernbedienung, Kopfhörer, o. Ä. zurecht oder
- erinnert an gewohnte Beschäftigungen oder
- motiviert zu einer Beschäftigung oder
- unterstützt Sie dabei, sich für eine Beschäftigung zu entscheiden, indem sie Vorschläge macht.

Für jede Handlung, die der Gutachter mit „überwiegend selbstständig" bewertet, vergibt er 1 Einzelpunkt.

Überwiegend unselbstständig:

Sie beteiligen sich zwar an Beschäftigungen, müssen aber kontinuierlich angeleitet oder anderweitig unterstützt werden.

Für jede Handlung, die der Gutachter mit „überwiegend unselbstständig" bewertet, vergibt er 2 Einzelpunkte.

Unselbstständig:

Sie zeigen keine Eigeninitiative und können auch keine Entscheidung zu angebotenen Beschäftigungen treffen. Sie verstehen Anleitungen oder Aufforderungen nicht.

Jede „unselbstständige Handlung" bedeutet 3 Einzelpunkte.

So fließen die in Modul 6 erreichten Einzelpunkte in den Pflegegrad ein:

Einzelpunkte	Pflegegrad-Punkte
0	0
1–3	3,75
4–6	7,5
7–11	11,25
12–18	15

Wo wird die Hilfe erfasst, die ich im Haushalt brauche?

Im Abschnitt „Vor dem Antrag“ haben Sie bereits gelesen, dass die erforderliche Hilfe im Haushalt für die Ermittlung des Pflegegrades keine Rolle spielt. Dennoch bewertet der Gutachter Ihre Selbstständigkeit auch in diesem Bereich.

Ebenso bewertet er Ihre Selbstständigkeit bei Aktivitäten außerhalb Ihrer Wohnung. Dafür gibt es zwei weitere Module. Das Modul 7 „Außerhäusliche Aktivitäten“ und das Modul 8 „Hauswirtschaft“. Die Bewertungen in diesen Modulen sind für den Pflegegrad aber nicht von Bedeutung. Sie können aber die Planung und Organisation der in diesen Bereichen erforderlichen Hilfen vereinfachen.

Der Begutachtungstermin

Wie kann ich mich vorbereiten?

Wie Sie bereits im Abschnitt „So wird der Pflegegrad berechnet“ gelesen haben, bewertet der Gutachter Ihre Selbstständigkeit und Ihre Fähigkeiten für alle Handlungen, die das Gesetz vorgibt. Darunter sind bestimmt auch solche,

- die Sie aus Ihrem Alltag verbannt haben,
- die Sie vielleicht noch nie in Ihrem Leben bewältigen konnten und
- an die Sie im Zusammenhang mit Pflegebedürftigkeit nicht denken.

Zur Vorbereitung auf den Begutachtungstermin hat es sich darum bewährt, die im Abschnitt „So wird der Pflegegrad berechnet“ im Detail erklärten Module Schritt für Schritt durchzugehen und sich zu jeder Handlung (Module 1, 3, 4, 5 und 6) und Fähigkeit (Modul 2) Notizen zu machen. Orientieren Sie sich dabei an den Hinweisen, die ich Ihnen im oben genannten Abschnitt für die Bewertung gegeben habe.

Eine gute Vorlage für Ihre Notizen finden Sie im Internet auf den Seiten des MD Baden-Württemberg. Suchen Sie dort nach dem „Selbstauskunftsbogen“.

Kopieren Sie Ihre Notizen für den Gutachter. Es ist nämlich sehr wahrscheinlich, dass er während der kurzen Begutachtung nicht die Zeit hat, jede Handlung und jede Fähigkeit mit Ihnen zu besprechen.

> ***Praxis-Tipp:***
>
> *Mit dem von mir entwickelten Pflegegrad-Rechner (NBA-Tool) können Sie sich diesen Vorbereitungsschritt erheblich erleichtern. Für die Anwendung genügt ein PC oder Notebook mit dem Programm Excel. Ein Internetzugang ist nicht notwendig. Sie können die Ergebnisse auch ausdrucken. Dafür brauchen Sie dann zusätzlich einen Drucker. Der Pflegegrad-Rechner (NBA-Tool) in Form einer CD-ROM oder eines direkten Downloads hat die ISBN: 978-3-8029-7558-5 und kostet 39,95 Euro. Er kann in jeder Buchhandlung oder auf der Homepage des Walhalla Fachverlages (www.walhalla.de) bestellt werden.*

Stellen Sie zusätzlich vor dem Begutachtungstermin folgende Unterlagen zusammen:

- Entlassungsberichte von Krankenhäusern und ggf. Rehabilitationseinrichtungen
- Arztberichte zu behandlungsbedürftigen Erkrankungen (z. B. Bluthochdruck, Diabetes)
- Arztberichte zu pflegerelevanten und pflegeerschwerenden Diagnosen (z. B. Lähmungen, Kontrakturen, Arthrose, Demenz, starkes Übergewicht, chronische Lungenerkrankungen)
- Liste der ärztlich angeordneten Behandlungen und Maßnahmen (z. B. Medikamente, Kompressionsstrümpfe, Insulinjektionen, Anlegen einer Sauerstoffmaske in der Nacht, Krankengymnastik), sofern sich diese aus den zuvor genannten Dokumenten nicht ergeben
- Liste aller Hilfsmittel, die Sie haben (z. B. Rollator, Gehstock, Arm- und Beinprothesen)
- Gutachten, die für einen Antrag auf Erwerbsminderungsrente oder einen Schwerbehindertenausweis erstellt wurden

Praxis-Tipp:

Kopieren Sie auch diese Unterlagen. So können Sie die Kopien später zusammen mit der Kopie Ihrer Notizen zum Unterstützungsbedarf dem Gutachter mitgeben und wissen auch nach dem Begutachtungstermin noch, was der Gutachter bekommen hat.

Was passiert beim Begutachtungstermin?

Der Begutachtungstermin dauert bis zu 60 Minuten. Nur selten dauert er länger. Hier sehen Sie, was in dieser Zeit passiert.

Phase 1: Der Gutachter stellt sich vor

Bei einer kurzen Begrüßung stellt sich der Gutachter vor. Sie erfahren dadurch z. B., ob der Gutachter ein Arzt ist oder eine Pflegefachkraft. Pflegefachkräfte sind

- Gesundheits- und Krankenpfleger,
- Altenpfleger sowie
- Gesundheits- und Kinderkrankenpfleger.

Danach wird der Gutachter sich einen Platz suchen, an dem er sein Notebook (kleiner transportabler PC) aufstellen kann. Währenddessen wird er Ihnen kurz den Ablauf der Begutachtung erklären. Er erfasst, ob Sie zu Hause oder an einem anderen Ort begutachtet werden, z. B. im Pflegeheim. Sofern andere Personen anwesend sind, erfasst er auch deren Angaben.

Praxis-Tipp:

Denken Sie in dieser Phase daran: Der Gutachter beginnt direkt, wenn ihm die Tür geöffnet wird, damit, Ihre Selbstständigkeit und Ihre Fähigkeiten zu bewerten. Öffnen Sie ihm z. B. die Tür, zeigt das, dass Sie sich offenbar in Ihrer Wohnung selbstständig fortbewegen können. Öffnet eine andere Person die Tür, kann er diese Schlussfolgerung nicht ziehen.

Der Gutachter wird in dieser Phase auch notieren, wie er Ihren allgemeinen Zustand einschätzt. Dazu beantwortet er für sich z. B. diese Fragen:

- Wissen Sie, weshalb er da ist?
- Waren Sie normal gekleidet oder hat er Sie z. B. in Nachtwäsche im Bett angetroffen?
- Sehen Sie gepflegt aus?
- Sind Sie gut ernährt?

Praxis-Tipp:

Der Gutachter ist für Sie ein Fremder. Kommt ein Fremder zu Besuch, putzen wir vorher die Wohnung und machen uns fein. Wir wollen uns in einem möglichst guten Licht zeigen. Ich verstehe das. Vor der Begutachtung sollten Sie genau das aber nicht tun! Warum? Ist die Wohnung supersauber und sind Sie fein gemacht, muss der Gutachter zu dem Schluss kommen, dass Sie Ihren Alltag selbst bewältigen. Für Ihren Antrag auf Leistungen der Pflegeversicherung hätte das fatale Folgen. Zeigen Sie dem Gutachter deshalb die ungeschönte Wahrheit. Genau deshalb kommt er nämlich zu Ihnen.

Phase 2: Hauptprobleme werden erfragt

Der Gutachter wird Sie nun fragen, was Ihnen im Alltag besonders schwerfällt. Sofern eine andere Person dabei ist, wird er auch diese fragen, wenn Sie damit einverstanden sind. Hier geht es darum, den Grund zu erfahren, aus dem Sie Leistungen der Pflegeversicherung beantragt haben.

> **Praxis-Tipp:**
>
> *Nehmen Sie dazu Ihre vorbereiteten Notizen zum Hilfebedarf zur Hand. Auf diese Weise vergessen Sie in der Aufregung nichts. Lassen Sie sich vom Gutachter zeitlich nicht unter Druck setzen. Beschönigen Sie Ihre Situation nicht. Stellen Sie sie aber auch nicht schlimmer dar, als sie tatsächlich ist. Dies könnte für Sie unangenehme Folgen bis hin zur Strafverfolgung haben.*

Phase 3: Bereitliegende Unterlagen werden angesehen

Die Pflegekasse hat dem Gutachter vor dem Termin bereits viele Informationen zugesandt, z. B. darüber,

- wann Sie im Krankenhaus waren und weshalb,
- wann Ihre letzte Rehabilitation war und weshalb,
- welche Medikamente die Krankenkasse für Sie bezahlt,
- welche anderen Leistungen die Krankenkasse bezahlt, z. B. Krankengymnastik,
- welche Hilfsmittel die Krankenkasse für Sie bezahlt hat, z. B. Rollator, Hörgerät, und
- ob bereits ein ambulanter Pflegedienst zu Ihnen kommt, um Ihnen z. B. Medikamente zu geben oder Kompressionsstrümpfe anzuziehen.

Der Gutachter wird darum in dieser Phase die von Ihnen vorbereiteten Dokumente ansehen, wie z. B.

- Entlassungsberichte,
- ärztliche Befunde,
- Angaben zu ärztlich verordneten Medikamenten und deren Einnahmevorschriften und
- Ihre eigenen Notizen zur im Alltag erforderlichen Hilfe.

> **_Praxis-Tipp:_**
>
> _Achten Sie darauf, dass der Gutachter sich Ihre Dokumente ansieht. Es gibt leider Gutachter, die das nicht tun. Falls Ihr Gutachter dazu gehört: Fragen Sie nach dem Grund und notieren Sie ihn. Bestehen Sie darauf, dass der Gutachter die von Ihnen vorbereiteten Kopien mitnimmt._

Phase 4: Wohnumfeld wird beurteilt

Der Gutachter sieht sich an, in welchem Wohnumfeld Sie leben. Dafür wird er Sie eventuell auffordern, ihm Ihre Wohnung zu zeigen. Das gibt ihm die Möglichkeit, unauffällig zu prüfen, wie Sie sich in Ihrer Wohnung bewegen können und ob Sie sich zurechtfinden. Der Gutachter prüft hier aber vor allem z. B., ob Ihr Bad so ausgestattet ist, dass Sie leicht zur Toilette kommen oder sich waschen und duschen können. Er prüft auch, ob Sie Treppen überwinden müssen, um von einer Etage in die nächste zu kommen oder Ihre Wohnung zu verlassen.

> **_Praxis-Tipp:_**
>
> _Der Gutachter soll im Gutachten auch Empfehlungen dazu geben, wie Ihre Wohnung baulich verbessert werden kann. Diese Verbesserungen haben das Ziel, dass_
> - _Sie sich künftig besser bzw. wieder allein versorgen können und_
> - _Menschen, die Sie pflegen, die Pflege einfacher gemacht wird._

Nutzen Sie diese Gelegenheit, um dem Gutachter zu zeigen, dass z. B.
- enge Türrahmen verhindern, dass Sie mit dem Rollator das Bad aufsuchen können,
- Sie nicht in der Lage sind, in eine Badewanne zu steigen bzw. sicher wieder herauszukommen,
- ein zu hoher Duscheinstieg von Ihnen nicht bewältigt werden kann.

Die Pflegekasse beteiligt sich mit einem Betrag von bis zu 4.000 Euro an den Kosten der Umbaumaßnahmen. Voraussetzung ist ein Pflegegrad.

Phase 5: Aktuelle Versorgungssituation wird erfragt

Sie haben den Antrag bei der Pflegekasse gestellt, weil Sie im Alltag auf die Hilfe anderer Menschen angewiesen sind. Darum fragt der Gutachter jetzt, in welchem Umfang Ihnen im Moment geholfen wird. Dazu gehört z. B.,

- wer Ihnen im Moment hilft, z. B. Pflegedienst oder Verwandte,
- welchen zeitlichen Umfang diese Pflege erfordert,
- wie oft Sie nachts Hilfe brauchen, z. B. bei nächtlichen Toilettengängen, und
- wie lange Sie allein bleiben können, ohne dass eine andere Person anwesend ist.

Bei dieser Gelegenheit wird der Gutachter sich von Ihnen wahrscheinlich auch Ihren üblichen Tagesablauf beschreiben lassen.

> ***Praxis-Tipp:***
>
> *Wenn Sie von Angehörigen oder anderen nicht berufsmäßig Pflegenden versorgt werden, können diese sozial abgesichert werden, z. B. in der gesetzlichen Unfall- und Rentenversicherung. Mehr dazu erfahren Sie im Kapitel „Rechte pflegender Angehöriger".*

Der Gutachter erfasst in dieser Phase außerdem alle Hilfsmittel. Dazu gehören auch die, die Sie sich selbst angeschafft haben. Sofern Sie Hilfsmittel haben, die Sie nicht nutzen, informieren Sie den Gutachter, warum Sie das nicht tun.

Phase 6: Funktionstests zur Befunderhebung

Der Gutachter ist dazu verpflichtet, eigene Befunde zu erheben. Damit hat er bereits in den vorherigen Phasen begonnen.

In dieser Phase wird er seine Befunderhebung abschließen. Dazu wird er Sie bitten, verschiedene Übungen auszuführen. Das können z. B. sein:

- aufstehen und ein kurzes Stück laufen (vier Meter hin und vier Meter zurück), falls das noch nicht bei der „Wohnungsbesichtigung" erfolgt ist

- beide Arme hinter den Rücken führen, als ob Sie eine Schürze zubinden
- im Sitzen nach vorn beugen und versuchen, die Zehenspitzen zu berühren
- im Stehen nach unten beugen
- beide Arme über Schulterhöhe heben
- sich mit den Händen auf den Scheitel/Kopf fassen
- kleine Gegenstände mit zwei Fingern greifen
- dem Gutachter die Hand drücken
- Knöpfe an einem Kleidungsstück öffnen und schließen
- ein Glas Wasser eingießen
- mit einem Löffel Joghurt aus einem Becher essen

Bei kognitiven Einschränkungen, z. B. einer Demenz, wird der Gutachter z. B.

- Sie darum bitten, in einem Kreis eine Uhr einzuzeichnen, auf der die Zeiger z. B. 11:10 Uhr anzeigen,
- Fragen nach Ereignissen stellen, die kurze oder längere Zeit zurückliegen, z. B. was Sie heute zum Frühstück gegessen haben oder wann und wo Sie geboren wurden,
- sich den Weg zu häufig aufgesuchten Orten außerhalb der Wohnung beschreiben lassen, z. B. zum Supermarkt, zur Post, zum Arzt oder zum Bäcker.

> ***Praxis-Tipp:***
>
> *Zeigen Sie dem Gutachter das, was Ihnen im Alltag gelingt. Beschönigen Sie nichts. Ich verstehe, dass das schwer ist. Auch ich zeige Fremden ungern, was ich nicht gut kann. Der Gutachter ist ein Fremder. Der Gutachter kommt aber gerade deshalb, um Ihre körperlichen und/oder kognitiven Beeinträchtigungen zu sehen. Erlauben Sie ihm das. Nur dann kann der Gutachter Ihre Pflegebedürftigkeit richtig einschätzen. Und das wollen Sie doch!*

Phase 7: Empfehlungen und Abschied

In dieser letzten Phase wird der Gutachter Ihnen eventuell Empfehlungen geben, wie Sie Ihre Selbstständigkeit im Alltag zurückgewinnen können. Dazu gehören die bei Phase 4 erwähnten baulichen Maßnahmen. Das können aber z. B. auch diese sein:

- eine Rehabilitation
- Krankengymnastik
- Logopädie
- Hilfsmittel wie z. B. ein Rollator oder ein Pflegebett

> ***Praxis-Tipp:***
>
> *Empfiehlt der Gutachter die Rehabilitation in einer stationären Rehabilitationseinrichtung (Kurklinik) gibt er diese Empfehlung direkt an Ihre Krankenkasse als Antrag weiter. Voraussetzung dafür ist, dass Sie damit einverstanden sind. Dasselbe gilt für Hilfsmittel, die der Gutachter empfiehlt. Für Sie hat das den Vorteil, dass Sie nicht extra zum Arzt müssen, damit er Ihnen eine Rehabilitation oder ein Hilfsmittel verordnet.*

Zum Abschluss wird der Gutachter Ihnen erklären, wie wichtig das Gutachten ist, und fragen, ob Sie das Gutachten zugesandt bekommen wollen. Lassen Sie sich das Gutachten auf jeden Fall zusenden!

Was ist mit den sechs Modulen?

Vielleicht fragen Sie sich jetzt: Was ist mit den im Abschnitt „So wird der Pflegegrad berechnet“ erklärten Modulen und Bewertungen? Kommen die beim Begutachtungstermin nicht vor?

Der Gutachter muss Ihre Selbstständigkeit und Ihre Fähigkeiten so bewerten, wie im oben genannten Abschnitt beschrieben.

Aber: Er ist nicht verpflichtet, das während der Begutachtung zu tun.

Viele Gutachter nehmen die Bewertung später an ihrem Schreibtisch vor. Die Grundlage sind die Befunde, die während der Begutachtung erhoben wurden, und Ihre Angaben.

> ***Praxis-Tipp:***
>
> *Sie können dafür sorgen, dass der Gutachter trotzdem keinen Punkt „vergisst“, der für den Pflegegrad wichtig ist. Bestehen Sie darauf, dass er Ihre Notizen mitnimmt!*

Was passiert bei einer Begutachtung per Telefon?

Anstelle einer Begutachtung bei Ihnen zu Hause bzw. im Pflegeheim kann der Gutachter die Begutachtung telefonisch durchführen. Voraussetzung dafür ist, dass Sie mit dieser Form der Begutachtung einverstanden sind und die telefonische Begutachtung in Ihrem Fall nicht bereits durch das Gesetz ausgeschlossen ist. Das sind diese Fälle:

- es handelt sich um eine erstmalige Pflegebegutachtung,
- die Pflegebegutachtung wird aufgrund Ihres Widerspruchs gegen die Entscheidung der Pflegekasse zum festgestellten Pflegegrad durchgeführt,
- es wird begutachtet, ob ein Kind pflegebedürftig ist oder
- bei der Begutachtung, die unmittelbar davor stattfand, wurde festgestellt, dass Pflegebedürftigkeit im Sinne des § 14 Abs. 1 SGB XI nicht vorliegt.

Soll bei Ihnen die Begutachtung telefonisch durchgeführt werden, erhalten Sie von Ihrer Pflegekasse ein Formular, in dem Sie die für die Begutachtung wichtigsten Angaben zu Ihrer Selbständigkeit und ihren Fähigkeiten im Alltag machen können. Das ausgefüllte Formular dient dem Gutachter als Basis für die telefonische Begutachtung. Auch hier gilt also: Beschönigen Sie Ihre Situation nicht und geben Sie den Unterstützungsbedarf genau so an, wie er tatsächlich ist. Denken Sie daran, dass der Gutachter sich bei dieser Form der Begutachtung kein persönliches Bild von Ihren Beeinträchtigungen im Alltag machen kann. Er ist auf Ihre Angaben und evtl. die von ihm im Vorfeld eingesehen Unterlagen wie z. B. Arzt- und Entlassungsberichte angewiesen.

Die Entscheidung der Pflegekasse

Nun ist er endlich da, der lang erwartete Tag. Der Postbote wirft das Schreiben in den Briefkasten, mit dem die Pflegekasse Ihnen mitteilt, wie sie über Ihren Antrag entschieden hat. Fachleute nennen dieses Schreiben „Bescheid". Da Sie mit dem Bescheid auch das Gutachten zugesandt bekommen, wird es ein dicker Brief sein.

In diesem Bescheid teilt die Pflegekasse Ihnen mit, ob Sie pflegebedürftig sind und welcher Pflegegrad festgestellt wurde. Zudem informiert Sie die Pflegekasse über die Leistungen, die Sie von der Pflegeversicherung bekommen. Diese richten sich im Wesentlichen nach Ihrem Antrag. Im Kapitel „Leistungen der Pflegekasse für die Pflege zu Hause" finden Sie für jeden Pflegegrad Ihre möglichen Leistungsansprüche im Überblick.

Wichtig ist, dass der Bescheid der Pflegekasse am Ende auf Ihr Recht hinweist, dass Sie Widerspruch einlegen können. Fachleute nennen diesen Hinweis auch „Widerspruchsbehelf".

Mit dem Widerspruchsbehelf muss die Pflegekasse Sie darauf hinweisen, dass Sie gegen den Bescheid innerhalb von einem Monat, nachdem Sie ihn erhalten haben, Widerspruch einlegen können. Dafür muss der Rechtsbehelf auch eine Adresse beinhalten, an die Sie den Widerspruch senden können.

> ***Praxis-Tipp:***
>
> *Es gibt Pflegekassen, die den Widerspruchsbehelf „vergessen", und es gibt solche, die als Frist für Ihren Widerspruch vier Wochen angeben. Beides ist falsch. Gut für Sie: In diesen Fällen verlängert sich die Frist für Ihren Widerspruch auf ein ganzes Jahr.*

Wie prüfe ich die Entscheidung der Pflegekasse?

Prüfen Sie zunächst, ob der im Bescheid genannte Pflegegrad dem Pflegegrad entspricht, der im beiliegenden Pflegegutachten steht. Steht im Bescheid ein niedrigerer Pflegegrad als im Gutachten, handelt es sich wahrscheinlich um einen Fehler des Sachbearbeiters Ihrer Pflegekasse. In diesem Fall können Sie bei Ihrer Pflegekasse anrufen und um umgehende Korrektur des offensichtlich fehlerhaften Bescheides bitten. Nach meiner Erfahrung ist es aber besser, diese Bitte kurz schriftlich abzufassen und an die Pflegekasse zu senden.

Im zweiten Schritt sollten Sie das Gutachten genau unter die Lupe nehmen. Hier sehen Sie fünf Prüfschritte, die Ihnen dabei helfen:

- Schritt 1: Stimmen die formalen Angaben am Anfang des Gutachtens?

- Schritt 2: Wurden Ihre Notizen und die von Ihnen vorgelegten Dokumente berücksichtigt?
- Schritt 3: Wurden Befunde korrekt erhoben und wiedergegeben?
- Schritt 4: Sind die Bewertungen in den Modulen für Sie nachvollziehbar?
- Schritt 5: Ergeben sich aus den Modulen 7 und 8 pflegegradrelevante Erkenntnisse?

Notieren Sie sich die eventuell vorhandenen Unterschiede bzw. bei fehlender Plausibilität die betreffenden Module und Kriterien.

Ihr Recht auf Widerspruch

Bevor Sie sich für einen Widerspruch entscheiden, prüfen Sie bitte, ob tatsächlich bei Berücksichtigung der von Ihnen notierten Unterschiede ein höherer Pflegegrad zu erwarten ist.

> ***Praxis-Tipp:***
>
> *Wenn Sie privat kranken- und pflegeversichert sind, haben Sie nicht das Recht, gegen die Entscheidung der privaten Pflegepflichtversicherung Widerspruch einzulegen. Sie können in strittigen Fällen entweder auf der Basis der Allgemeinen Versicherungsbedingungen eine Klärung mit dem Versicherungsunternehmen herbeiführen oder direkt vor dem Sozialgericht klagen.*

Ebenso wie die früheren Pflegestufen einen Minutenkorridor abdeckten, z. B. Pflegestufe I 46 bis 89 Minuten Grundpflege, gelten auch die Pflegegrade jeweils für einen bestimmten Korridor von Pflegegrad-Punkten, z. B. Pflegegrad 2 von 27 bis unter 47,5 Punkte. Erschwerend kommt bei den Pflegegraden hinzu, dass zusätzlich für jedes der Module 1 bis 6 Schwellenwerte festgelegt wurden. Diese führen zum einen dazu, dass nicht jede eventuell in einem Widerspruchsverfahren anerkannte Erhöhung von Einzelpunkten höhere Punkte für den Pflegegrad nach sich zieht. So ist für die Pflegegrad-Punkte im Modul 4 z. B. unerheblich, ob in diesem Modul 19 oder 36 Einzelpunkte erreicht wurden. In beiden Fällen resultieren daraus 30 Pflegegrad-Punkte. Zum anderen kann mit jedem Modul nur eine bestimmte Anzahl von Pflegegrad-Punkten erreicht werden. Hinsichtlich des Pflegegrades macht es z. B. wenig Sinn, im Modul 6 im Zuge des Widerspruchsverfahrens bei mehr Aktivitäten die Bewertung „unselbstständig“ einzufordern, wenn im Pflegegutachten bereits 15 Pflegegrad-Punkte für dieses Modul ausgewiesen sind.

> ***Praxis-Tipp:***
>
> *Wenn Sie Zweifel haben, ob Ihr Widerspruch Aussicht auf Erfolg hat, holen Sie sich Unterstützung bei einem Pflegeberater oder im Pflegestützpunkt.*

Wie muss der Widerspruch aussehen?

Der Widerspruch kann formlos schriftlich eingelegt werden oder direkt bei der Pflegekasse mündlich zur Niederschrift. Ein schriftlicher Widerspruch hat den Vorteil, dass sie ihn in aller Ruhe zu Hause vorbereiten und ggf. von einer zweiten Person gegenlesen lassen können. So wird auch nichts vergessen.

> ***Praxis-Tipp:***
>
> *Grundsätzlich müssen Sie Ihren Widerspruch nicht begründen. Ich empfehle trotzdem, dies immer zu tun. So ist die Pflegekasse verpflichtet, auf die von Ihnen genannten Gründe einzugehen und diese entweder anzuerkennen oder zu widerlegen. Sofern Sie sich bei Ablehnung Ihres Widerspruchs in einem nächsten Schritt an das Sozialgericht wenden möchten, haben Sie damit eine bessere Grundlage für Ihre Argumentation.*
> *Aber: Manchmal ist die Zeit einfach zu knapp für eine ausführliche Begründung. Das kann vor allem dann so sein, wenn Sie den Rat einer fachkundigen Person für die Begründung einholen wollen. Dann reicht zur Wahrung der Widerspruchsfrist auch ein kurzes Anschreiben mit dem Text: „Ich lege Widerspruch gegen Ihren Bescheid vom ... ein. Eine ausführliche Begründung reiche ich unaufgefordert nach.“*

So könnte ein Widerspruchsschreiben aussehen:

4

AOK Musterstadt
Schöne Aussicht 13
00000 Musterstadt

Widerspruch gegen Ihren Bescheid vom ......
Bruno Muster, geb. am: 15.09.1932, KV-Nr. 123456789

Sehr geehrte Damen und Herren,
mit Bescheid vom .... haben Sie den von mir beantragten Pflegegrad bzw. die von mir beantragten Leistungen der Pflegeversicherung abgelehnt. Ich widerspreche dieser Entscheidung.
Begründung:
Im Pflegegutachten bzw. in Ihrem Bescheid wurden folgende Punkte nicht oder nicht vollständig berücksichtigt:

- (Hier die Punkte aufzählen, die Ihrer Ansicht nach nicht stimmen bzw. die vom Gutachter falsch bewertet wurden, und begründen, weshalb Sie diese Auffassung vertreten.)

Ich bitte Sie deshalb um erneute Prüfung und Änderung des Bescheides.
Mit freundlichen Grüßen
Ort, Datum, Unterschrift

Fügen Sie dem Widerspruchsschreiben Kopien der Unterlagen bei, die Ihre Widerspruchsgründe untermauern.

Kopieren Sie sich Ihr Widerspruchsschreiben, sofern Sie es nicht ohnehin im PC gespeichert haben. Legen Sie einen Ordner an, in dem Sie alle Dokumente aufbewahren, die mit Ihrem Antrag auf Leistungen der Pflegeversicherung zu tun haben und natürlich mit Ihrem Widerspruch. So behalten Sie den Überblick und haben alle wichtigen Dokumente griffbereit. In diesen Ordner gehören z. B. diese Dokumente:

- Antrag auf Leistungen der Pflegeversicherung
- Ihre Notizen, die Sie zur Vorbereitung auf den Begutachtungstermin erstellt haben, bzw. Auszüge aus der Pflegedokumentation vor dem Begutachtungstermin
- medizinische Unterlagen, die vor dem Begutachtungstermin zusammengetragen wurden und dem Gutachter vorgelegt wurden
- ggf. kurzes Protokoll zum Begutachtungstermin
- Bescheid der Pflegekasse und Gutachten
- Widerspruchsschreiben in Kopie
- die Unterlagen, die Sie Ihrem Widerspruch beigefügt haben
- weitere Unterlagen wie z. B. E-Mails, Telefonnotizen etc.

Vielleicht denken Sie jetzt: Soll ich mir so einen Aufwand wirklich antun?

Da kann ich Sie nur ermutigen. Ihr Aufwand lohnt sich. Und zwar nicht nur deshalb, weil Sie am Ende einen Pflegegrad bzw. einen höheren Pflegegrad erhalten und so Ihr Unterstützungsbedarf angemessen berücksichtigt wird.

Der Aufwand lohnt sich auch finanziell. So beträgt z. B. der Unterschied zwischen Leistungen der Pflegekasse für die ambulante Pflege zwischen Pflegegrad 1 und Pflegegrad 2 pro Monat mindestens (bei Pflegegeldbezug + Tagespflege) 1.987 Euro bzw. maximal (bei Pflegesachleistungen + Tagespflege) 2.596 Euro. Das sind pro Jahr zwischen 23.844 Euro und 31.152 Euro. Hinzu kommen Leistungsansprüche auf Verhinderungs- und Kurzzeitpflege in Höhe von jeweils 1.612 Euro, die erst ab Pflegegrad 2 von der Pflegekasse gezahlt werden.

> ***Praxis-Tipp:***
>
> *Nicht immer, aber manchmal scheint es so, dass Widerspruchsschreiben bei der Pflegekasse nicht ankommen. Ich empfehle deshalb den Versand des Widerspruchsschreibens und der beigefügten Unterlagen per „Einschreiben mit Rückschein“. So wissen Sie sicher, dass Ihr Widerspruch bei der Pflegekasse angekommen ist, und haben zudem durch den Rückschein den Nachweis, wann das geschehen ist.*

Wie läuft das Widerspruchsverfahren ab?

Nachdem Ihr Widerspruch auf dem Schreibtisch des zuständigen Sachbearbeiters liegt, ist das Verfahren gesetzlich vorgeschrieben.

1. Der Bescheid wird auf eventuelle Fehler geprüft

Man mag es kaum glauben, aber allein durch diesen Prüfschritt konnten schon viele Widersprüche erledigt werden. Ein möglicher Grund sind

Textbausteine. Das sind bereits vorformulierte Textpassagen, die der Sachbearbeiter nur noch in den Bescheid einsetzen muss. Diese müssen für den individuellen Bescheid akribisch für Sie angepasst werden. Dennoch wird manchmal ein Punkt übersehen und schon ist der Bescheid fehlerhaft. Stellt der Sachbearbeiter einen solchen Fehler fest, wird er Ihnen einen neuen Bescheid zusenden, mit dem Hinweis, dass dieser den vorherigen ersetzt. Selbstverständlich muss auch der neue Bescheid einen Widerspruchsbehelf enthalten.

2. Die Pflegekasse gibt ein Widerspruchsgutachten in Auftrag

Ist der Grund für Ihren Widerspruch nicht so einfach zu beheben, wie unter Punkt 1 beschrieben, wird der Sachbearbeiter Ihren Widerspruch an das Unternehmen weiterleiten, dessen Gutachter das Pflegegutachten erstellt hat. Das ist der Medizinische Dienst der Krankenversicherung bzw. bei der Bundesknappschaft-Bahn-See der Sozialmedizinische Dienst.

3. Der Gutachter prüft, ob er bei seiner Empfehlung bleibt

Zunächst prüft der Gutachter, der Sie begutachtet hat, ob er seine Empfehlung ändern muss. Er muss dabei die von Ihnen im Widerspruch benannten Gründe sowie eventuell zugesandte Dokumente berücksichtigen. Kommt er zu dem Ergebnis, dass er seine Empfehlung zur Pflegebedürftigkeit und zum Pflegegrad ändern muss, erstellt er ein Gutachten mit einer neuen Empfehlung. Das schickt er an die Pflegekasse. Diese wird Ihnen einen neuen Bescheid zusenden, der, wie bei Punkt 1 beschrieben, den vorherigen Bescheid ersetzt.

4. Ein Zweitgutachter wird beauftragt

Oft ist es leider so, dass der Gutachter, der das erste Gutachten erstellt hat, seine Empfehlung nicht ändert. Dann muss ein anderer Gutachter das Widerspruchsgutachten erstellen. Dieser darf an der ersten Begutachtung nicht beteiligt gewesen sein.

Dieser Gutachter wird sich das erste Gutachten und Ihre Widerspruchsgründe ansehen und mit Ihnen einen Termin für eine erneute Begutachtung vereinbaren. Bereiten Sie sich darauf vor, wie im Abschnitt „Der Begutachtungstermin" beschrieben.

So sollte es zumindest sein, da ein Gutachten, das nur anhand der vorgelegten Dokumente erstellt wird, rechtlich nur in Ausnahmefällen in Betracht kommt, z. B. weil

- derjenige, der den Widerspruch eingelegt hat, inzwischen verstorben ist,
- die vorliegenden Dokumente so eindeutig sind, dass eine persönliche Begutachtung keine zusätzlichen Erkenntnisse für die Empfehlung des Gutachters bringen würde,
- derjenige, der den Widerspruch eingelegt hat, so schwer erkrankt ist, dass eine erneute persönliche Begutachtung für ihn unzumutbar wäre.

Entscheidet sich der Gutachter, auf die persönliche Begutachtung zu verzichten, muss er das in seinem Gutachten mit einem der oben genannten Punkte begründen.

Im Ergebnis der erneuten persönlichen Begutachtung oder der Begutachtung auf Basis der Dokumente erstellt der Zweitgutachter ein Widerspruchsgutachten mit seiner Empfehlung zur Pflegebedürftigkeit und dem Pflegegrad. Dieses sendet er an die Pflegekasse.

> **Praxis-Tipp:**
>
> *Sobald derjenige, der Widerspruch eingelegt hat, verstirbt, versuchen die Pflegekassen, das Widerspruchsverfahren ad acta zu legen. Der Sachbearbeiter wird dann versuchen, die Hinterbliebenen ggf. telefonisch zu kontaktieren und sich von ihnen bestätigen zu lassen, dass der Widerspruch nicht weiterverfolgt wird. Die Hinterbliebenen sollten sich darauf jedoch nicht einlassen.*

Ist der Widerspruch erfolgreich, zahlt die Pflegekasse rückwirkend mehr für z. B. bereits erbrachte Leistungen des Pflegedienstes.

5. Die Pflegekasse prüft ihre Entscheidung erneut

Hat der Zweitgutachter der Pflegekasse eine andere Empfehlung zur Pflegebedürftigkeit und zum Pflegegrad gegeben als der erste Gutachter, muss das Widerspruchsverfahren theoretisch trotzdem bis zum letzten Punkt durchgeführt werden. Um das Verfahren zu vereinfachen, ist es bei den meisten Pflegekassen üblich, an dieser Stelle eine „Abkürzung" zu nehmen. Diese „Abkürzung" kann auch für Sie von Vorteil sein, und zwar dann, wenn die Pflegekasse Ihnen aufgrund des Widerspruchsgutachtens den Pflegegrad bewilligt, den Sie mit Ihrem Widerspruch durchsetzen wollten. Die Pflegekasse wird Ihnen einen neuen Bescheid zusenden.

Praxis-Tipp:

Prüfen Sie den neuen Bescheid genau. Bekommen Sie nun tatsächlich die Leistungen der Pflegekasse, die Sie mit Ihrem Widerspruch durchsetzen wollten? Und – ganz wichtig – bekommen Sie diese Leistungen ab dem Tag, an dem Sie diese Leistungen bei Ihrer Pflegekasse beantragt haben? Die Praxis offenbart hier nämlich einen Trick, den einige Pflegekassen anwenden. Sie bewilligen die Leistungen erst ab dem Zeitpunkt, an dem entweder die in Punkt 4 beschriebene erneute Begutachtung durchgeführt wurde, oder ab dem Zeitpunkt, an dem das Widerspruchsgutachten erstellt wurde. Für Sie bedeutet das konkret, dass Sie für die Zeit davor nur die Leistungen erhalten, die mit dem ursprünglichen Bescheid bewilligt wurden.

Verstehen Sie mich nicht falsch: Es kann gute Gründe dafür geben, dass die Pflegekasse die gewünschten Leistungen erst ab dem Tag der erneuten Begutachtung bewilligt. Vielleicht liegt es daran, dass sich Ihre Selbstständigkeit und Ihre Fähigkeiten nach der ersten Begutachtung so verschlechtert haben, dass erst nach der erneuten Begutachtung ein Pflegegrad bzw. ein höherer Pflegegrad empfohlen werden konnte. Die Regel ist das nach meiner Erfahrung aber nicht.

Besonders hinterhältig: Einige Pflegekassen versehen diesen neuen Bescheid mit dem Betreff:

„Entscheidung über Ihren Widerspruch“ oder „Ihr Widerspruch war erfolgreich“.

Sie erwecken so den Eindruck, als hätte die Pflegekasse bereits endgültig über Ihren Widerspruch entschieden. Das ist aber zu diesem Zeitpunkt nicht wahr. Das Bundesversicherungsamt und die Unabhängige Patientenberatung Deutschland e. V. haben sich der Sache bereits angenommen. Bis die Pflegekassen dieses Vorgehen einstellen, kann es aber noch dauern. Aus diesem Grund empfehle ich Ihnen, den neuen Bescheid darauf zu prüfen, ob es sich um einen solchen „Trick“-Bescheid handelt.

Sie erkennen einen „Trick“-Bescheid übrigens ganz einfach. Sendet Ihnen die Pflegekasse einen solchen Bescheid zu, wird sie Ihnen zusätzlich ein Formular zusenden. In diesem Formular sollen Sie ankreuzen, ob Sie Ihren Widerspruch für die Zeit davor zurücknehmen oder aufrechterhalten.

Sie müssen dieses Formular nicht ausfüllen. In diesem Fall muss die Pflegekasse Ihren Widerspruch für den noch strittigen Zeitraum einfach weiterbearbeiten, wie in den folgenden Punkten beschrieben. Aber: Nach meiner Erfahrung warten die Pflegekassen auf die Rücksendung. Teilweise rufen die Sachbearbeiter bei Ihnen an und haken nach. Sie können Ihre Nerven schonen: Wenn Sie aufgrund Ihrer seit dem ersten Antrag eingetretenen Verschlechterung Ihrer Selbstständigkeit und Ihrer Fähigkeiten nachvollziehen können, dass die von Ihnen ursprünglich beantragten Leistungen erst ab einem späteren Zeitpunkt bewilligt werden können, kreuzen Sie an, dass Sie den Widerspruch zurücknehmen. In allen anderen Fällen kreuzen Sie an, dass Sie Ihren Widerspruch nicht zurückziehen, und senden Sie das Schreiben zurück. Holen Sie sich im Zweifelsfall unbedingt einen fachkundigen Berater ins Boot.

6. Der Widerspruchsausschuss entscheidet

Konnte die Pflegekasse bisher nicht positiv über Ihren Widerspruch entscheiden und sind Sie auch nicht auf einen eventuellen „Trick“-Bescheid hereingefallen, entscheidet der Widerspruchsausschuss Ihrer Pflegekasse. Dort entscheiden Vertreter der Selbstverwaltung Ihrer Pflegekasse, also keine Sachbearbeiter oder andere Personen, die beruflich mit Anträgen von Versicherten zu tun haben.

Das kann eine Chance für Ihren Widerspruch sein, muss aber nicht. Nach meiner Erfahrung hängt das davon ab, wie fachkundig, selbstbewusst und engagiert die im Widerspruchsausschuss entscheidenden Mitglieder der Selbstverwaltung sind. Viele entscheiden leider so, wie von der Pflegekasse empfohlen. Tatsächlich dürfen die Pflegekasse bzw. der Sachbearbeiter dem Widerspruchsausschuss eine Empfehlung geben.

Es gibt aber auch die, die fachkundig, im Sinne der Versicherten – also auch in Ihrem Sinne – engagiert und selbstbewusst sind. Diese entscheiden eventuell anders, als vom Sachbearbeiter empfohlen.

7. Sie erhalten den Widerspruchsbescheid

Die Pflegekasse teilt Ihnen mit, wie der Widerspruchsausschuss entschieden hat. Dieses Schreiben wird „Widerspruchsbescheid“ genannt. Wenn die Pflegekasse Ihnen die ursprünglich beantragten Leistungen rückwirkend ab dem Tag Ihres ursprünglichen Antrags bewilligt, sagt man dazu, dass Ihrem Widerspruch vollständig abgeholfen wird. Bewilligt die Pflegekasse die höheren Leistungen erst ab einem späteren Zeitpunkt, nennt man das: Dem Widerspruch wurde teilweise abgeholfen.

In beiden Fällen muss der Widerspruchsbescheid einen sogenannten Rechtsbehelf haben. Mit diesem werden Sie auf Ihr Recht hingewiesen, gegen den Widerspruchsbescheid innerhalb eines Monats nach Erhalt Klage beim Sozialgericht zu erheben. Dazu muss der Rechtsbehelf die Anschrift des zuständigen Sozialgerichtes beinhalten.

Erneuter Antrag oder Gang vor das Sozialgericht?

Bis ein Sozialgericht über Ihre Klage entscheidet, können Monate vergehen. Geht die Pflegekasse in Berufung gegen ein Urteil in erster Instanz, können daraus schnell Jahre werden.

Falls Sie zu den Betroffenen gehören, fragen Sie sich vielleicht, ob es für Sie nicht besser ist, einfach einen neuen Antrag zu stellen. Dann habe ich eine gute Nachricht für Sie: Sie können jederzeit einen neuen Antrag stellen und trotzdem das Klageverfahren weiterführen. Ein „Entweder-oder" gibt es hier nicht.

Werden Sie bereits von einem Fachanwalt für Sozialrecht oder von einem für die Pflegeversicherung gerichtlich zugelassenen Rentenberater unterstützt? Nein? Dann holen Sie einen der beiden spätestens jetzt ins Boot!

Ist eine dieser Voraussetzungen nicht erfüllt, zahlt die Pflegekasse trotz Pflegegrad 2, 3, 4 oder 5 kein Pflegegeld.

So viel Pflegegeld zahlt die Pflegekasse pro Monat:

Pflegegrad (PG)	Pflegegeld pro Monat ab 01.01.2024*
PG 2	332 € (davor 316 €)
PG 3	573 € (davor 545 €)
PG 4	765 € (davor 728 €)
PG 5	947 € (davor 901 €)

* Weitere Erhöhungen sind ab dem 01.01.2025 und ab dem 01.01.2028 geplant. Die ab diesen Zeitpunkten geltenden Euro-Beträge sind noch nicht bekannt. Ab dem 01.01.2025 wurde bisher lediglich eine Erhöhung um 4,5 Prozent angekündigt.

Wenn Sie Pflegegeld bekommen, müssen Sie in regelmäßigen Abständen nachweisen, dass die für Sie erforderliche Pflege gewährleistet ist. Bei den Pflegegraden 2 und 3 ist der Nachweis einmal je Halbjahr notwendig. Bei den Pflegegraden 4 und 5 ist der Nachweis einmal je Vierteljahr an die Pflegekasse zu senden.

Um diesen Nachweis zu bekommen, vereinbaren Sie einen Termin z. B. mit einem Pflegedienst oder einer Sozialstation für einen „Beratungseinsatz nach § 37 Abs. 3 SGB XI“. Eine Pflegefachkraft prüft dann bei Ihnen zu Hause, ob Ihre Pflege sichergestellt ist. Sie gibt Ihnen das von ihr ausgefüllte und unterzeichnete Formular. Dieses senden Sie an Ihre Pflegekasse. Dieser Beratungseinsatz ist für Sie kostenlos. Er wird von der Pflegekasse bezahlt.

Bekommt die Pflegekasse von Ihnen keinen Nachweis, kann sie Ihr Pflegegeld kürzen. Falls Sie mehrfach keinen Nachweis vorlegen, wird die Pflegekasse die Zahlung Ihres Pflegegeldes ganz einstellen.

> ***Praxis-Tipp:***
>
> *Der Beratungseinsatz kann auch per Videokonferenz stattfinden. Zu beachten ist dabei, dass diese Möglichkeit nur für jeden zweiten Beratungseinsatz gilt. Bekommen Sie erst seit Kurzem Pflegegeld und müssen den Beratungsein-*

satz zum ersten Mal in Anspruch nehmen, muss dieser bei Ihnen zu Hause stattfinden.

Pflegesachleistung

Das sind Pflegesachleistungen

Die Leistungen, die ambulante Pflegedienste als Pflegesachleistung erbringen dürfen, beinhalten:

- **körperbezogene Pflegemaßnahmen,** z. B. Hilfen beim Aufstehen, Setzen, Hinlegen, Treppensteigen, Waschen/Duschen/Baden, An- und Auskleiden, Toilettengang bzw. Wechseln von Vorlagen oder Windeln, Zerteilen von Lebensmitteln in mundgerechte Bissen, Essen und Trinken
- **pflegerische Betreuungsleistungen,** z. B. Hilfen beim Beschäftigen wie z. B. Lesen, Backen, Basteln oder Kreuzworträtsel, Tagesablauf planen, Kontakte zu Bekannten, Freunden und Verwandten pflegen, Spazierengehen
- **Hilfen bei der Haushaltsführung,** z. B. beim Einkaufsliste schreiben, Einkaufen und anderen wichtigen Besorgungen (z. B. Medikamente aus der Apotheke holen), Anträge ausfüllen, Reinigen der Wohnung, Kochen, Zubereiten von kleinen Mahlzeiten, Waschen und Bügeln der Wäsche

Seit dem 11.05.2019 dürfen auch ambulante Betreuungsdienste, mit denen die Pflegekassen einen Versorgungsvertrag geschlossen haben, Pflegesachleistungen erbringen und abrechnen. Dabei ist ihr Leistungsspektrum jedoch auf pflegerische Betreuungsleistungen und Hilfen bei der Haushaltsführung begrenzt.

So viel zahlt die Pflegekasse für Leistungen ambulanter Pflege- und Betreuungsdienste pro Monat maximal:

Pflegegrad (PG)	Leistungsbetrag pro Monat ab dem 01.01.2024*
PG 2	761 € (davor 724 €)
PG 3	1.432 € (davor 1.363 €)

Pflegegrad (PG)	Leistungsbetrag pro Monat ab dem 01.01.2024*
PG 4	1.778 € (davor 1.693 €)
PG 5	2.200 € (davor 2.095 €)

* Weitere Erhöhungen sind ab dem 01.01.2025 und ab dem 01.01.2028 geplant. Die ab diesen Zeitpunkten geltenden Euro-Beträge sind noch nicht bekannt. Ab dem 01.01.2025 wurde bisher lediglich eine Erhöhung um 4,5 Prozent angekündigt.

Wie Sie sehen, gehen auch hier Pflegebedürftige mit Pflegegrad 1 leer aus. Wenn Sie Pflegegrad 1 haben und einen Pflegedienst beauftragen wollen, kann sich die Pflegekasse trotzdem an den Kosten beteiligen. Lesen Sie im Abschnitt „Entlastungsbetrag", wie das geht.

Neu ist, dass Sie auch dann einmal pro Halbjahr einen Beratungsbesuch von einem ambulanten Pflegedienst oder einem anerkannten Pflegeberater abrufen können, wenn Sie nur die Pflegesachleistung erhalten (siehe dazu Kapitel „Pflegegeld").

Diese Kosten darf der Pflegedienst berechnen

Im direkten Zusammenhang mit Pflegesachleistungen nach § 36 SGB XI darf der Pflegedienst berechnen:

- die mit den Pflegekassen vereinbarten Preise je erbrachter Leistung,
- ggf. die mit den Pflegekassen vereinbarte Hausbesuchspauschale pro Einsatz,
- ggf. Ausbildungsumlage
- ggf. Investitionskosten

Rechnungspositionen, die mit „ggf." beginnen, werden nicht in jedem Bundesland berechnet.

Das müssen Sie selbst bezahlen

Wie Sie bereits im Kapitel „Ein offenes Wort zur Teilkasko-Pflegeversicherung" gelesen haben, beteiligt sich die Pflegekasse nur bis zu den gesetzlich festgelegten Höchstbeträgen an den Kosten für Pflegesachleistungen. Ist dieser Höchstbetrag in einem Monat durch die von Ihnen in Anspruch genommenen Pflegesachleistungen bereits ausgeschöpft, müssen Sie den Restbetrag selbst zahlen. Immer selbst bezahlen müssen Sie die ggf. vom Pflegedienst berechneten Investitionskosten.

Wenn Sie nicht dazu in der Lage sind, den Pflegedienst zu bezahlen, können Sie beim Sozialamt ergänzende Hilfe zur Pflege beantragen. Das Sozialamt prüft dann Ihre finanzielle Situation und die Ihrer Angehörigen. Es wird auch prüfen, ob die Pflegesachleistungen in dem von Ihnen gewünschten Umfang notwendig sind. Kommt das Sozialamt zu dem Ergebnis, dass ergänzende Hilfe zur Pflege notwendig ist, wird es die Kosten für den Pflegedienst übernehmen oder sich daran beteiligen.

Praxis-Tipp:

Die finanzielle Situation von nicht zu Ihrem Haushalt gehörenden Angehörigen wird seit dem 01.01.2020 nur noch geprüft, wenn das Sozialamt Hinweise darauf hat, dass deren Gesamteinkommen pro Jahr jeweils mehr als 100.000 Euro beträgt. Der weit überwiegende Teil der Angehörigen braucht also keine Angst davor zu haben, dass Sie ergänzende Hilfe zur Pflege beim Sozialamt beantragen.

Der Pflegedienst muss Sie über die Kosten informieren

Bevor Sie einen ambulanten Pflegedienst beauftragen, informiert Sie der Pflegedienst über die voraussichtlichen Kosten. Er ist dazu verpflichtet. Nachlesen können Sie das in § 120 Abs. 3 Satz 2 SGB XI.

Danach schließen Sie mit dem Pflegedienst einen Pflegevertrag. Dieser muss nach § 120 Abs. 3 Satz 1 SGB XI mindestens folgende Inhalte haben:

- Art, Inhalt und Umfang der gewünschten Pflegesachleistungen nach § 36 SGB XI sowie
- die mit den Pflegekassen für diese Leistungen vereinbarten Preise.

Der Pflegevertrag beinhaltet in der Regel zusätzlich

- Höhe der von Ihnen zu zahlenden Beträge sowie Art und Weise der Abrechnung
- Höhe der Stornierungskosten bei kurzfristig von Ihnen abgesagten Einsätzen

- Art, Inhalt und Umfang der von Ihnen gewünschten Privatleistungen und deren Preise
- Frist, die der Pflegedienst bei der Vertragskündigung einzuhalten hat

Kombinationsleistung

Sie können Pflegegeld und Pflegesachleistungen miteinander kombinieren. In diesem Fall wird Ihr Pflegegeld anteilig gekürzt. Das folgende Beispiel zeigt, wie das funktioniert:

So rechnet die Pflegekasse:

Die Pflegesachleistung beträgt bei Pflegegrad 2 monatlich 761 Euro. Sie wird durch die Leistung des Pflegedienstes nur zu 50 Prozent ausgeschöpft, der Pflegedienst rechnet also in diesem Monat nur 380,50 Euro für Pflegesachleistungen gegenüber der Pflegekasse ab. Da sich der Pflegebedürftige für die Kombination von Pflegesachleistung und Pflegegeld entschieden hat, zahlt die Pflegekasse für diesen Monat ein anteiliges Pflegegeld in Höhe von 50 Prozent des monatlichen Pflegegeldanspruches. Bei Pflegegrad 2 beträgt der monatliche Pflegegeldanspruch 332 Euro. Davon werden 50 Prozent als anteiliges Pflegegeld ausgezahlt. Das sind 166 Euro.

Praxis-Tipp:

Wenn z. B. nur für das wöchentliche Vollbad ein Pflegedienst kommt, die Pflege jedoch ansonsten von Pflegepersonen geleistet wird, sollten Sie die Kombinationsleistung wählen. So wird der Pflegedienst aus der Pflegesachleistungspauschale bezahlt und anteilig Pflegegeld überwiesen. Wählen Sie stattdessen nur Pflegegeld, kann der Pflegedienst nicht gegenüber der Pflegekasse abrechnen. Das bedeutet, Sie müssen den Pflegedienst selbst von Ihrem ohnehin geringeren Pflegegeld bezahlen. Wählen Sie hingegen ausschließlich Pflegesachleistung, wird diese nicht ausgeschöpft. Sie erhalten jedoch trotzdem kein anteiliges Pflegegeld.

5

Tagespflege und Nachtpflege

Das sind Tages- und Nachtpflege

In einer Tagespflegeeinrichtung werden Sie tagsüber versorgt. Morgens holt Sie ein Fahrer ab und bringt Sie am späten Nachmittag nach Hause zurück. Sie können sich auch von einem Angehörigen bringen und abholen lassen.

Die Tagespflege beinhaltet diese Leistungen:

- pflegerische Betreuungsleistungen, dazu gehören z. B. Basteln, Singen, Kochen, Backen, Spaziergänge, Ratespiele, Gymnastik oder Arbeiten an einer Werkbank
- körperbezogene Pflegemaßnahmen, dazu gehören z. B. Hilfe beim Aufstehen, Setzen, Hinlegen, Treppensteigen, Waschen, An- und Auskleiden, Toilettengang bzw. Wechseln von Vorlagen oder Windeln, Zerteilen von Lebensmitteln in mundgerechte Bissen, Essen und Trinken
- Behandlungspflege wie z. B. Medikamente geben, Insulin spritzen, Blutzucker messen
- ggf. zusätzliche Betreuung nach § 43b SGB XI, wenn diese mit den Pflegekassen vereinbart wurde

In der Tagespflege bekommen Sie mehrere Mahlzeiten. Dazu gehören je nach Dauer Ihres Tagespflegebesuchs z. B.:

- Frühstück
- Mittagessen
- Zwischenmahlzeit/Nachmittagsimbiss

Zu den Leistungen der Tagespflege gehört auch die sogenannte Unterkunft. Das bedeutet, Sie nutzen bei Ihrem Besuch die Räume und das Mobiliar der Tagespflege und die Mitarbeiter kümmern sich darum, dass alles sauber ist und in ausreichender Zahl zur Verfügung steht.

Auch Privatleistungen sind möglich. Diese vereinbaren Sie nach Wunsch mit der Tagespflege.

Es gibt in Deutschland auch einige wenige Nachtpflegeeinrichtungen. In ihnen werden pflegebedürftige Menschen über Nacht versorgt. Das kann z. B. sinnvoll sein, wenn aufgrund von Demenz der Tag-und-

Nacht-Rhythmus gestört ist und der Erkrankte „die Nacht zum Tag macht".

Leider deckt das Angebot die Nachfrage nach solchen Einrichtungen nicht ab. Eine gesetzliche Lösung, um den daraus für Sie ggf. resultierenden Versorgungsengpass zu beheben, gibt es bislang nicht. Eine Lösung dieses Problems ist nur indirekt möglich, indem Sie bei der Pflegekasse einen Antrag auf Erstattung der dadurch für die Pflege zu Hause entstehenden Mehrkosten stellen. Beachten Sie dabei Hinweise im Abschnitt „Pflegesachleistung".

Das darf die Tagespflege berechnen

Für jeden Tag, an dem Sie die Tagespflege besuchen, darf die Tagespflegeeinrichtung berechnen:

- den mit den Pflegekassen vereinbarten Pflegesatz ggf. inkl. Ausbildungsumlage
- ggf. die mit den Pflegekassen vereinbarte Pauschale für den Hol- und Bringdienst, sofern diese nicht bereits im oben genannten Pflegesatz enthalten ist
- die mit den Pflegekassen vereinbarte Vergütung für Unterkunft und Verpflegung
- ggf. Investitionskosten
- ggf. vereinbarte Privatleistungen
- ggf. vereinbarte Vergütung bei kurzfristigen Absagen durch Sie

Rechnungspositionen, die mit „ggf." beginnen, werden nicht in jedem Bundesland berechnet.

Die Kosten für An- und Abfahrt, Verpflegung und ggf. Investitionskosten sind für alle Gäste der Tagespflege gleich hoch. Der Pflegesatz beinhaltet die Kosten für Pflege, Betreuung und Behandlungspflege. Seine Höhe hängt in den meisten Bundesländern vom Pflegegrad ab. Dort werden für die Pflegegrade 1 bis 5 unterschiedliche Pflegesätze zwischen dem Anbieter der Tagespflege und den Pflegekassen vereinbart. In diesen Bundesländern gilt: Je höher der Pflegegrad, desto höher der Pflegesatz pro Tag.

Abweichend davon wird in einigen Bundesländern für alle Gäste mit Pflegegrad ein Pflegesatz in gleicher Höhe vereinbart und berechnet.

Es gibt Bundesländer, in denen die Vergütung für den Hol- und Bringdienst nicht im Pflegesatz enthalten ist. Dort gibt es eine Extrapauschale dafür. Deren Höhe ist manchmal nach Kilometern gestaffelt und damit nicht mehr für alle Gäste der Tagespflege gleich. Je weiter der Hol- und Bringdienst fahren muss, desto höher ist die Pauschale. In diesen Bundesländern können Gäste die Kosten für die Tagespflege pro Tag senken, indem sie sich z. B. von Angehörigen morgens zur Tagespflege fahren lassen und am späten Nachmittag von ihnen dort wieder abgeholt werden.

So beteiligt sich die Pflegekasse an den Kosten

Ab dem Pflegegrad 2 kann die Tagespflege den Pflegesatz und die ggf. extra vereinbarten Kosten für den Hol- und Bringdienst direkt mit der Pflegekasse abrechnen. Die Pflegekasse bezahlt diese Rechnung bis zu den gesetzlich festgelegten Beträgen. Diese sind nach Pflegegraden gestaffelt.

Die Pflegekasse übernimmt die Kosten wie folgt:

Pflegegrad (PG)	Leistungsbetrag pro Monat*
PG 2	689 €
PG 3	1.298 €
PG 4	1.612 €
PG 5	1.995 €

* Die oben genannten Leistungsbeträge pro Monat sollen sich ab dem 01.01.2025 und ab dem 01.01.2028 erhöhen. Die ab diesen Zeitpunkten geltenden Euro-Beträge sind noch nicht bekannt. Ab dem 01.01.2025 wurde bisher lediglich eine Erhöhung um 4,5 Prozent angekündigt.

Seit dem 01.01.2017 haben Sie Anspruch auf zusätzliche Betreuung in der Tages- oder Nachtpflegeeinrichtung. Die Pflegekasse finanziert zu diesem Zweck pro 20 Tages- oder Nachtpflegegäste eine zusätzliche Vollzeitstelle für eine Betreuungskraft. Zusätzliche Kosten entstehen Ihnen dadurch nicht.

> ***Praxis-Tipp:***
>
> *Auch für Menschen mit Pflegegrad 1 gibt es einen Pflegesatz, der mit den Pflegekassen vereinbart wurde. Sie müssen dennoch die Tagespflege zuerst selbst bezahlen. Eine Beteiligung der Pflegekasse wie bei Tagespflegegästen mit mindestens Pflegegrad 2 sieht das Gesetz für sie nicht vor. Wenn Sie Pflegegrad 1 haben und eine Tagespflege besuchen wollen, können Sie sich trotzdem einen Teil der Kosten von der Pflegekasse erstatten lassen. Lesen Sie dazu den Abschnitt „Entlastungsbetrag“.*

Das müssen Sie bezahlen

Wie bereits bei den Pflegesachleistungen beschrieben, zahlen Sie einen nach Abzug der Pflegekassenleistung noch vorhandenen Restbetrag der für den Monat berechneten Pflegesätze. Immer aus der eigenen Tasche zu bezahlen sind darüber hinaus:

- Unterkunft und Verpflegung
- ggf. Investitionskosten
- ggf. vereinbarte Privatleistungen
- ggf. Kosten für eine kurzfristige Absage durch Sie

> ***Praxis-Tipp:***
>
> *Im Abschnitt „Entlastungsbetrag“ erfahren Sie, wie Sie sich die oben genannten Kosten zumindest teilweise von der Pflegekasse erstatten lassen können.*

Die Tages- oder Nachtpflegeeinrichtung muss Sie über die Kosten informieren

Bevor Sie sich für eine Tagespflege entscheiden, können Sie sich erklären lassen, welche Kosten Ihnen pro Tag für die oben genannten Positionen entstehen. Danach schließen Sie mit der Tagespflege einen Vertrag. Dieser hat in der Regel folgende Inhalte:

- Pflege, Betreuung und Behandlungspflege
- Umfang von Unterkunft und Verpflegung
- Höhe der von Ihnen zu zahlenden Beträge sowie Art und Weise der Abrechnung

- Art und Weise, in der ein Besuch abgesagt werden soll, und ggf. Kosten, wenn diese Vereinbarung nicht eingehalten wird
- ggf. gewünschte Privatleistungen und deren Preise
- Kündigungsfristen für Sie und die Tagespflege

Entlastungsbetrag

5

Jeder Pflegebedürftige hat Anspruch auf einen zusätzlichen Entlastungsbetrag in Höhe von 125 Euro pro Monat (Dieser Betrag soll ab dem 01.01.2025 und ab dem 01.01.2028 erhöht werden. Die ab diesen Zeitpunkten geltenden Euro-Beträge sind noch nicht bekannt. Ab dem 01.01.2025 wurde bisher lediglich eine Erhöhung um 4,5 Prozent angekündigt).

Die Pflegekasse erstattet Ihnen in diesem Umfang nachgewiesene Kosten, die Ihnen im Zusammenhang mit folgenden Leistungen entstehen:

- Leistungen der Tages- oder Nachtpflege (z. B. Restbetrag des Pflegesatzes, Unterkunft und Verpflegung, Investitionskosten)
- Leistungen der Kurzzeitpflege (z. B. Restbetrag des Pflegesatzes, Unterkunft und Verpflegung, Investitionskosten)
- Leistungen ambulanter Pflegedienste im Sinne der Pflegesachleistungen (bei Pflegegraden 2 bis 5 Restbetrag nach Abzug des Leistungsbetrages der Pflegekasse und Investitionskosten – jedoch nur im Zusammenhang mit pflegerischer Betreuung und Hilfen bei der Haushaltsführung, bei Pflegegrad 1 Kosten der erbrachten Leistungen inkl. körperbezogener Pflege und der in diesem Zusammenhang berechneten Investitionskosten)
- Leistungen der nach Landesrecht anerkannten Angebote zur Unterstützung im Alltag (siehe dazu den folgenden Abschnitt „Angebote zur Unterstützung im Alltag“)

Nachdem Sie diese Leistungen bezahlt haben, reichen Sie die Zahlungsbelege bei Ihrer Pflegekasse mit Ihrem Antrag auf Erstattung ein.

> ***Praxis-Tipp:***
>
> *Wie der bisherige Leistungsbetrag für zusätzliche Betreuungs- und Entlastungsleistungen muss auch der neue Entlastungsbetrag nicht direkt in*

dem Monat ausgeschöpft werden, in welchem der Anspruch entstanden ist. So kann z. B. der Anspruch für den Monat März in den April übertragen werden. Der im April verfügbare Betrag erhöht sich dadurch auf 250 Euro (125 Euro aus dem Monat März + 125 Euro aus dem Monat April). Sie können auf diese Weise Ihren Anspruch so lange „ansparen", bis der verfügbare Betrag für die Kostenerstattung einer teureren Entlastungsleistung reicht, z. B. für einmal pro Quartal Grundreinigung der kompletten Wohnung.
Unverbrauchte Entlastungsbeträge können Sie zudem in das Folgejahr übertragen und bis zum 30.06. des Folgejahres verbrauchen. Danach verfallen diese Ansprüche aus dem Vorjahr.

Angebote zur Unterstützung im Alltag

Zusätzlich zu den Pflegeanbietern, die mit den Pflegekassen einen Versorgungsvertrag geschlossen haben, können Sie sich auch von Anbietern unterstützen lassen, die durch Ihr Bundesland anerkannt wurden. Basis für diese Anerkennung ist eine Rechtsverordnung in Ihrem Bundesland. Sie ahnen es sicher schon: Jedes Bundesland hat eine Rechtsverordnung und jede Rechtsverordnung ist darum etwas anders. So können z. B. im Bundesland Nordrhein-Westfalen einzelne Personen nach einer kurzen Schulung nach Landesrecht anerkannt werden. Im benachbarten Niedersachsen ist das jedoch untersagt.

Unterschieden werden aber überall

- Betreuungsangebote, in denen insbesondere ehrenamtliche Helferinnen und Helfer unter pflegefachlicher Anleitung die Betreuung von Pflegebedürftigen mit allgemeinem oder mit besonderem Betreuungsbedarf in Gruppen oder im häuslichen Bereich übernehmen,
- Angebote zur Entlastung von Pflegenden, die der gezielten Entlastung und beratenden Unterstützung von pflegenden Angehörigen und vergleichbar nahestehenden Pflegepersonen in ihrer Eigenschaft als Pflegende dienen, und
- Angebote zur Entlastung im Alltag, die dazu dienen, die Pflegebedürftigen bei der Bewältigung von allgemeinen oder pflegebedingten Anforderungen des Alltags oder im Haushalt, insbesondere

bei der Haushaltsführung, oder bei der eigenverantwortlichen Organisation individuell benötigter Hilfeleistungen zu unterstützen.
Ich gebe zu, dass ich hier auf den Gesetzestext des SGB XI – Soziale Pflegeversicherung zurückgegriffen habe. Mit welchen konkreten Leistungen die einzelnen Bundesländer die verschiedenen Angebote unterlegt haben, ist sehr unterschiedlich. Es ist darum für Sie am einfachsten, wenn Sie bei Ihrer Pflegekasse die Liste mit den in Ihrer Region verfügbaren Angeboten anfordern.

Für die Abrechnung der von diesen „nach Landesrecht anerkannten Angeboten zur Unterstützung im Alltag" erbrachten Leistungen haben Sie drei Möglichkeiten, wenn Sie Pflegegrad 2, 3, 4 oder 5 haben. Bei Pflegegrad 1 gibt es leider nur die zuerst genannte Möglichkeit.

Erste Möglichkeit:
Sie können den Anbieter selbst bezahlen und sich Ihre Kosten über den Entlastungsbetrag ganz oder teilweise von der Pflegekasse erstatten lassen (siehe Abschnitt „Entlastungsbetrag").

Zweite Möglichkeit:
Sie können bis zu 40 Prozent des für Pflegesachleistungen vorgesehenen Leistungsbetrages (siehe Abschnitt „Pflegesachleistung") verwenden. Fachleute nennen das auch „Umwandlung". Es handelt sich hierbei aber nicht um zusätzlich verfügbares Geld! Für Leistungen ambulanter Pflege- und Betreuungsdienste können Sie dann im betreffenden Monat entsprechend weniger Geld ausgeben. Zusätzlich wird der so verwendete Betrag anteilig auf das Pflegegeld angerechnet – genauso wie bei der im Abschnitt „Kombinationsleistung" beschriebenen Kombination von Pflegegeld und Pflegesachleistungen.

Diese Geldbeträge stehen maximal zur Verfügung (40 Prozent des Leistungsbetrags für Pflegesachleistungen):

Pflegegrad (PG)	Leistungsbetrag pro Monat ab dem 01.01.2024*
PG 2	304,40 € (davor 289,60 €)
PG 3	572,80 € (davor 545,20 €)

Verhinderungspflege und Pflegegeld

Das Pflegegeld wird in der Zeit der Verhinderungspflege für längstens sechs Wochen in halber Höhe weitergezahlt. Bei einer Kombinationsleistung wird in dieser Zeit das zuletzt bezogene anteilige Pflegegeld hälftig weitergezahlt. Halbiert wird das Pflegegeld bzw. das anteilige Pflegegeld allerdings nicht für den ersten und den letzten Tag der Verhinderungspflege. Für diese Tage wird es in bisheriger Höhe gezahlt.

> ***Praxis-Tipp:***
>
> *Es gibt auch die Möglichkeit, die Verhinderungspflege nur stundenweise in Anspruch zu nehmen. Von einer stundenweisen Inanspruchnahme spricht man, wenn die Verhinderungspflege für weniger als acht Stunden am Tag gebraucht wird. Wichtig ist hierbei, dass für die Zahl der Stunden die Zeit zählt, in der Ihre Pflegeperson verhindert ist, und nicht die Zeit, in der eine Ersatzpflegekraft anwesend ist.*
>
> *Brauchen Sie die Verhinderungspflege für weniger als acht Stunden täglich, fällt die Begrenzung auf sechs Wochen pro Kalenderjahr weg. Es gilt dann nur noch die Grenze von 1.612 Euro pro Kalenderjahr. Zudem wird das Pflegegeld bei der stundenweisen Verhinderungspflege nicht gekürzt. Diese Verhinderungspflege kann also sinnvoll sein, wenn Ihre Pflegeperson nur kurzzeitig verhindert ist, z. B. wegen eines Arztbesuchs.*

5

So viel erstattet die Pflegekasse für Ersatzpflegekräfte, die nicht mit Ihnen verwandt oder verschwägert sind (bis zum zweiten Grad) bzw. nicht gemeinsam mit Ihnen in einem Haushalt leben

Die Pflegekasse erstattet Ihnen dann die Kosten für die Verhinderungspflege für längstens sechs Wochen pro Kalenderjahr bis zu einem Betrag von maximal 1.612 Euro. Sie können zusätzlich zu den oben genannten 1.612 Euro bis zu 806 Euro für die Verhinderungspflege verwenden, wenn Sie im selben Kalenderjahr Ihren Anspruch auf Kurzzeitpflege (siehe Abschnitt „Kurzzeitpflege") nicht nutzen oder nicht komplett ausschöpfen. (Die genannten Beträge sollen ab dem 01.01.2025 und ab dem 01.01.2028 erhöht werden. Die ab diesen Zeitpunkten geltenden

Euro-Beträge sind noch nicht bekannt. Ab dem 01.01.2025 wurde bisher lediglich eine Erhöhung um 4,5 Prozent angekündigt).

Nicht verwandt oder verschwägert oder mit Ihnen im gemeinsamen Haushalt lebend sind in der Regel Ersatzpflegekräfte, die von Pflegediensten oder anderen professionellen Anbietern eingesetzt werden. Als Ersatzpflegekräfte kommen aber auch z. B. Nachbarn oder Freunde infrage.

Die Verhinderungspflege muss zudem nicht bei Ihnen zu Hause stattfinden. Sie können stattdessen in der Zeit, in der Ihre Pflegeperson verhindert ist, z. B. eine Tages- oder Nachtpflegeeinrichtung besuchen oder vorübergehend in eine vollstationäre Pflegeeinrichtung ziehen.

Erstattet werden die Kosten, die Ihnen tatsächlich entstanden sind. Diese sind gegenüber der Pflegekasse nachzuweisen. Ambulante Pflegedienste bieten dazu oft eine Abtretungserklärung an, mit der Sie Ihren Anspruch auf Verhinderungspflege gegenüber der Pflegekasse an den Pflegedienst abtreten. Der Pflegedienst rechnet dann die erbrachte Verhinderungspflege direkt mit der Pflegekasse ab. Wenn Sie den Pflegedienst oder einen anderen mit der Verhinderungspflege beauftragten Anbieter selbst bezahlen, ist es auch einfach. Sie senden der Pflegekasse die Rechnung des Pflegedienstes oder des anderen von Ihnen beauftragten Anbieters zusammen mit der Kopie Ihres Zahlungsbelegs zu und beantragen die Erstattung.

Beauftragen Sie hingegen einen Bekannten, Nachbarn oder Freund mit der Verhinderungspflege, lassen Sie sich von ihm den Erhalt der Zahlung in der zwischen Ihnen für die Verhinderungspflege vereinbarten Höhe quittieren. Eine formelle Vorgabe gibt es für diese Quittung nicht.

Beispiel für den Nachweis der Ihnen entstandenen Kosten:

Quittung

Hiermit bestätige ich, dass ich für die Verhinderungspflege am

Datum: ______________________________

Uhrzeit: von____________bis____________

von Frau/Herrn .... (Name des Gepflegten/Betreuten) eine Vergütung in Höhe von ________ erhalten habe.

____
Ort, Datum Unterschrift Ersatzpflegekraft

So viel erstattet die Pflegekasse, wenn die Ersatzpflegekraft mit Ihnen verwandt oder verschwägert ist (bis zum zweiten Grad) bzw. mit Ihnen in einem gemeinsamen Haushalt lebt

Die Pflegekasse übernimmt dann ebenfalls für die Dauer von bis zu sechs Wochen je Kalenderjahr Kosten in Höhe des Pflegegeldes der jeweiligen Pflegestufe. Dabei ist die Kostenübernahme grundsätzlich auf das 1,5-Fache des Pflegegeldbetrages begrenzt. 5

Zusätzlich kann die Pflegekasse der Ersatzpflegekraft aber Aufwendungen erstatten, die ihr durch die Verhinderungspflege entstanden sind. Diese Aufwendungen können z. B. Kosten für Flugtickets, Bahnfahrten, Taxi oder für die Unterbringung in einer Pension sein. Diese Kosten sind nachzuweisen. Die Erstattung für die Verhinderungspflege ist dann inklusive der Zahlung in Höhe des 1,5-fachen Pflegegeldbetrags auf maximal 1.612 Euro begrenzt. Sofern Sie im selben Jahr Ihren Anspruch auf Kurzzeitpflege noch nicht verbraucht bzw. ausgeschöpft haben, kann dieser Betrag um bis zu 806 Euro aus Mitteln der Kurzzeitpflege erhöht werden (siehe Abschnitt „Kurzzeitpflege“). Diese Erhöhung müssen Sie bei Ihrer Pflegekasse beantragen (Die genannten Beträge von 1.612 Euro und 806 Euro sollen ab dem 01.01.2025 und ab dem 01.01.2028 erhöht werden. Die ab diesen Zeitpunkten geltenden Euro-Beträge sind noch nicht bekannt. Ab dem 01.01.2025 wurde bisher lediglich eine Erhöhung um 4,5 Prozent angekündigt).

Neu ab 01.01.2024: Verhinderungspflege bei Pflegebedürftigen unter 25 Jahren

Hat die pflegebedürftige Person das 25. Lebensjahr noch nicht vollendet und mindestens Pflegegrad 2, gelten ab dem 01.01.2024 etwas andere Regeln für die Verhinderungspflege als die zuvor Beschriebenen.

5

> ***Exkurs:***
>
> *Wann hat man das 25. Lebensjahr noch nicht vollendet? Lassen Sie uns zum besseren Verständnis kurz einen Blick auf das Lebensjahr nach der Geburt werfen. Dieses erste Lebensjahr beginnt am Tag der Geburt und endet mit Ablauf des Tages vor dem ersten Geburtstag. Das zweite Lebensjahr beginnt am Tag des ersten Geburtstages. So geht es Jahr für Jahr weiter und schließlich endet das 25. Lebensjahr mit Ablauf des Tages vor dem 25. Geburtstag. Am Tag des 25. Geburtstages beginnt das 26. Lebensjahr. Aus diesem Grund haben pflegebedürftige Personen Anspruch auf die hier beschriebene Verhinderungspflege, wenn sie das 25. Lebensjahr noch nicht vollendet haben oder jünger als 25 sind, weil sie ihren 25. Geburtstag noch nicht gefeiert haben.*

So entfällt beim erstmaligen Antrag auf Verhinderungspflege bei Pflegebedürftigen, die das 25 Lebenjahr noch nicht vollendet haben und Pflegegrad 4 oder 5 haben, die Voraussetzung, dass sie zuvor mindestens sechs Monate in häuslicher Umgebung gepflegt worden sein müssen. Hinzu kommt, dass für die Verhinderungspflege zusätzlich zum regulären Leistungsbetrag i.H.v. 1.612 Euro aus ungenutzten Mitteln der Kurzzeitpflege 1.774 Euro verwendet werden können – also der komplette Leistungsbetrag für Kurzzeitpflege (soweit er noch nicht für Kurzzeitpflege verwendet wurde). Insgesamt steht damit ein Gesamtbetrag i. H.v. 3.386 Euro pro Kalenderjahr für die Verhinderungspflege zur Verfügung (Die genannten Beträge von 1.612 Euro und 1.774 Euro sollen ab dem 01.01.2025 erhöht werden. Die ab diesen Zeitpunkten geltenden Euro-Beträge sind noch nicht bekannt. Ab dem 01.01.2025 wurde bisher lediglich eine Erhöhung um 4,5 Prozent angekündigt). Abgesehen von diesen Erleichterungen sind die übrigen Regelungen ähnlich wie die für alle anderen pflegebedürftigen Personen mit Pflegegrad 2. Mit dem Unterschied, dass die Pflegekasse für die Dauer von bis zu acht Wochen je Kalenderjahr Verhinderungspflege gewährt.

Ist die Ersatzpflegekraft mit der pflegebedürftigen Person, die das 25. Lebensjahr noch nicht vollendet hat, verwandt oder verschwägert (bis zum zweiten Grad) bzw. lebt mit ihr in einem gemeinsamen Haushalt, ist der Leistungsbetrag für Verhinderungspflege pro Kalenderjahr auf den 2-fachen Pflegegeldbetrag begrenzt. Zusätzliche Aufwendungen, die im Zusammenhang mit der Verhinderungspflege entstehen wie z. B. Entgeltausfall der Ersatzpflegeperson oder Fahrkosten, können zusätzlich erstattet werden. Insgesamt – also zweifacher Pflegegeldbetrag und nachgewiesene Aufwendungen - darf die Pflegekasse in diesem Fall für die Verhinderungspflege pro Kalenderjahr maximal 1.612 Euro erstatten plus max. 1.774 Euro aus dem bisher nicht verwendeten Leistungsbetrag für Kurzzeitpflege.

Neu ab 01.07.2025: Gemeinsamer Jahresbetrag für Verhinderungs- und Kurzzeitpflege

Wie bereits ab dem 01.01.2024 für die Verhinderungspflege pflegebedürftiger Personen, die das 25. Lebensjahr noch nicht vollendet und mindestens Pflegegrad 2 haben, gelten ab dem 01.07.2025 die neuen Regelungen für Verhinderungspflege auch für alle anderen pflegebedürftigen Personen, die zu Hause versorgt werden und mindestens Pflegegrad 2 haben. Konkret ändern sich ab diesem Zeitpunkt für die Verhinderungspflege diese Punkte:

- Die „Vorpflegezeit“ im Umfang von sechs Monaten häuslicher Pflege vor erstmaliger Antragstellung von Verhinderungspflege entfällt
- Die Pflegekasse übernimmt die nachgewiesenen Kosten einer Ersatzpflege **für bis zu acht Wochen** je Kalenderjahr
- Gesetzlich wird klargestellt, dass Verhinderungspflege vorher nicht beantragt werden muss
- Die Höhe der Erstattung beträgt pro Kalenderjahr maximal 3.539 Euro (Gemeinsamer Jahresbetrag für Kurzzeit- und Verhinderungspflege)
- Bei Ersatzpflege durch Personen, die mit dem Pflegebedürftigen bis zum zweiten Grad verwandt oder verschwägert sind oder mit ihm in einem gemeinsamen Haushalt leben, darf die Pflegekasse die Erstattung bis zur Höhe des zweifachen Pflegegeldbetrages erstatten plus ggf. nachgewiesen zusätzliche Aufwendungen wie z. B. Verdienstausfall und Fahrkosten. Maximal erstattet die Pflegekasse pro Kalenderjahr insgesamt – also zweifacher Pflegegeldbetrag plus nachgewiesene Aufwendungen – einen Betrag bis zu

3.539 Euro (Gemeinsamer Jahresbetrag für Kurzzeit- und Verhinderungspflege).

- Nach Abschluss der jeweiligen Verhinderungspflege müssen (professionelle) Leistungserbringer dem Pflegebedürftigen unverzüglich eine schriftliche Übersicht über die dafür angefallenen Aufwendungen übermitteln oder aushändigen.

5

Praxis-Tipp:

Wie Sie sehen, gilt der Gesamtbetrag für Kurzzeit- und Verhinderungspflege erst ab dem 01.07.2025. Sollten Sie im Jahr 2025 im Zeitraum Januar bis Juni bereits Kurzzeit- und/oder Verhinderungspflege in Anspruch genommen haben, wird der Betrag, den die Pflegekasse dafür gezahlt hat, für das Kalenderjahr 2025 von dem oben gennannten Gesamtbetrag abgezogen.

Verhinderungspflege und Pflegegeld

Während der Verhinderungspflege wird das Pflegegeld für längstens sechs Wochen in halber Höhe weitergezahlt. Bei einer Kombinationsleistung wird in dieser Zeit das zuletzt bezogene anteilige Pflegegeld hälftig weitergezahlt. Für den ersten und letzten Tag der Verhinderungspflege werden das Pflegegeld bzw. das anteilige Pflegegeld nicht gekürzt. Wird die Verhinderungspflege nur stundenweise in Anspruch genommen (s. o.), wird das Pflegegeld nicht gekürzt.

Bei Verhinderungspflege für pflegebedürftige Personen, die das 25. Lebensjahr noch nicht vollendet haben, wird Pflegegeld für bis zu acht Wochen je Kalenderjahr in halber Höhe weitergezahlt bzw. bei Kombinationsleistung das zuletzt bezogene anteilige Pflegegeld in halber Höhe. Auch hier gilt: Bei stundenweiser Verhinderungspflege (s.o.) wird das Pflegegeld während der Verhinderungspflege nicht gekürzt. Diese Regelungen zur Weiterzahlung der Pflegegeldes bzw. bei Kombinationsleistung des anteiligen Pflegegeldes jeweils in halber Höhe gelten ab dem 01.07.2025 für die Verhinderungspflege aller zu Hause versorgten Pflegebedürftigen mit mindestens Pflegegrad 2.

Kurzzeitpflege

Das ist Kurzzeitpflege

In einer Kurzzeitpflege werden Sie Tag und Nacht versorgt. Fachleute nennen diese Versorgung auch „vollstationär“. Die Kurzzeitpflege ist dazu gedacht, dass Menschen ab Pflegegrad 2 vollstationär versorgt werden, wenn die Pflege zu Hause

- noch nicht möglich ist, z. B. nach einer Krankenhausbehandlung, während der ein Pflegegrad beantragt wurde,
- vorübergehend nicht möglich ist, z. B. weil der Angehörige, der Sie sonst pflegt, selbst im Krankenhaus liegt, oder
- nicht möglich ist, weil der Zustand des Pflegebedürftigen sich vorübergehend verschlechtert hat, z. B. nach einem Sturz.

Auch wenn die Kurzzeitpflege aus anderen Gründen gewünscht wird, übernimmt die Pflegekasse hierfür die Kosten in dem unten genannten Rahmen.

Die Kurzzeitpflege ist nur für einen kurzen Zeitraum gedacht. Der Gesetzgeber hat das in § 42 SGB XI verdeutlicht. Er hat dort den Anspruch auf Kurzzeitpflege mit zwei Grenzen pro Kalenderjahr versehen. Mit Kalenderjahr ist jeweils der Zeitraum vom 01.01. bis 31.12. eines Jahres gemeint. Die erste Grenze bezieht sich auf die Dauer, in der Kurzzeitpflege in einem Kalenderjahr genutzt werden kann. Das sind acht Wochen bzw. 56 Tage. Die zweite Grenze betrifft die Höhe des Zuschusses, den die Pflegekasse pro Kalenderjahr maximal zahlt. Das sind 1.774 Euro. Wird eine der beiden Grenzen erreicht, endet der Anspruch auf Kurzzeitpflege.

Schöpfen Sie in einem Kalenderjahr Ihren Anspruch auf Verhinderungspflege (siehe Abschnitt „Verhinderungspflege“) nicht aus, kann die Pflegekasse sich mit weiteren 1.612 Euro an den oben genannten Kosten der Kurzzeitpflege beteiligen. Insgesamt stehen Ihnen dann bis zu 3.386 Euro für die Kurzzeitpflege zur Verfügung (Die genannten Beträge von 1.774 Euro und 1.612 Euro sollen ab dem 01.01.2025 erhöht werden. Die ab diesen Zeitpunkten geltenden Euro-Beträge sind noch nicht bekannt. Bisher wurde lediglich eine Erhöhung um 4,5 Prozent angekündigt).

Praxis-Tipp

Mit Pflegegrad 1 haben Sie den zuvor beschriebenen Anspruch auf Kurzzeitpflege nicht. Sollte es notwendig sein, können Sie trotzdem in einer Kurzzeitpflegeeinrichtung versorgt werden. Dafür gibt es zwei Möglichkeiten. Bei der ersten verordnet Ihr behandelnder Arzt die Kurzzeitpflege als Unterstützungspflege zulasten Ihrer Krankenkasse. Was dabei zu beachten ist, können Sie im Schritt 2 des Kapitels „So organisieren Sie die notwendige Hilfe in 5 Schritten“ nachlesen. Die zweite Möglichkeit ist: Sie sparen den Entlastungsbetrag über mehrere Monate an und verwenden den angesparten Betrag für einen notwendigen Aufenthalt in der Kurzzeitpflege.

Neu ab 01.07.2025: Gemeinsamer Jahresbetrag für Verhinderungs- und Kurzzeitpflege

Im Kapitel „Verhinderungspflege“ haben Sie bereits erfahren, dass es ab dem 01.07.2025 pro Kalenderjahr einen gemeinsamen Jahresbetrag für Kurzzeit- und Verhinderungspflege i. H. v. 3.539 Euro gibt. Abgesehen von dem im Vergleich zu heute höheren Gesamtbetrag (aktuell: 1.774 € + ggf. 1.612 € aus ungenutzten Mitteln der Verhinderungspflege = 3.386 €) ändern sich die übrigen Voraussetzungen für die Inanspruchnahme der Kurzzeitpflege nicht.

Kurzzeitpflege und Pflegegeld

Während der Kurzzeitpflege wird das Pflegegeld für längstens acht Wochen in halber Höhe weitergezahlt. Bei einer Kombinationsleistung wird in dieser Zeit das zuletzt bezogene anteilige Pflegegeld hälftig weitergezahlt. Für den ersten und letzten Tag der Kurzzeitpflege werden das Pflegegeld bzw. das anteilige Pflegegeld nicht gekürzt.

Das darf die Kurzzeitpflegeeinrichtung berechnen

Für jeden Tag, den Sie in einer zugelassenen Kurzzeitpflege sind, darf der Anbieter berechnen:

- den mit den Pflegekassen vereinbarten Pflegesatz ggf. inkl. Ausbildungsumlage
- die mit den Pflegekassen vereinbarte Vergütung für Unterkunft
- die mit den Pflegekassen vereinbarte Vergütung für Verpflegung
- Investitionskosten
- ggf. mit Ihnen vereinbarte Wahlleistungen

So beteiligt sich die Pflegekasse an den Kosten

Ab dem Pflegegrad 2 rechnet die Kurzzeitpflegeeinrichtung den Pflegesatz direkt mit der Pflegekasse ab. Die Pflegekasse bezahlt die Kosten des Pflegesatzes bis zu dem gesetzlich festgelegten Höchstbetrag. Pro Kalenderjahr steht dafür maximal ein Betrag von 1.774 Euro zur Verfügung. Dieser Betrag ist bei den Pflegegraden 2 bis 5 einheitlich. Reichen diese 1.774 Euro nicht aus, können zusätzlich bis zu 1.612 Euro von der Pflegekasse gezahlt werden. Voraussetzung dafür ist, dass Sie in diesem Kalenderjahr noch keine Verhinderungspflege nach § 39 SGB XI bei der Pflegekasse abgerechnet haben.

Ab dem 01.07.2025 steht für die Kurzzeitpflege ein Gemeinsamer Jahresbetrag i. H. v. 3.539 Euro zur Verfügung (s.o.). Sofern im Jahr 2025 im Zeitraum Januar bis Juni bereits Kurzzeit- und/oder Verhinderungspflege von der Pflegekasse bezahlt wurde, wird der bereits gezahlte Betrag für das Kalenderjahr 2025 vom oben bereits dargestellten Gemeinsamen Jahresbetrag abgezogen.

> ***Praxis-Tipp:***
>
> *Die Kurzzeitpflegeeinrichtung muss der pflegebedürftigen Person nach Ende der Kurzzeitpflege unverzüglich eine schriftliche Übersicht über die dafür angefallenen Kosten übermitteln oder aushändigen.*

Das müssen Sie bezahlen

Wie bei der Tages- und Nachtpflege müssen Sie auch bei der Kurzzeitpflege selbst für folgende Kosten aufkommen:

- Restbetrag, wenn der Zuschuss der Pflegekasse zum Pflegesatz nicht ausreicht

- Unterkunft
- Verpflegung
- Investitionskosten
- ggf. vereinbarte Wahlleistungen

Praxis-Tipp:

Die von Ihnen bezahlten Kosten für Verpflegung und eventuell anfallende Investitionskosten sowie ggf. durch die Leistungspauschale der Pflegekasse nicht gedeckte Kosten für Pflege, Betreuung und Behandlungspflege können Sie sich von der Pflegekasse als Entlastungsleistung erstatten lassen. Reichen Sie Ihre Zahlungsbelege bei der Pflegekasse ein und beantragen Sie die Erstattung der Ihnen entstandenen Kosten als Entlastungsleistung. Bis zu welchen Beträgen die Pflegekasse Ihre Kosten erstattet, lesen Sie im Abschnitt „Entlastungsbetrag".

Pflegehilfsmittel; hier: technische Hilfen

Sofern Pflegehilfsmittel dazu dienen, die Pflege zu erleichtern und/oder Ihnen eine selbstständigere Lebensführung zu ermöglichen, übernimmt die Pflegekasse die Kosten für die entsprechenden Hilfsmittel. Die Notwendigkeit wird zuvor vom Medizinischen Dienst der Krankenversicherung geprüft. Sofern bereits bei der Begutachtung zur Feststellung des Pflegegrades Pflegehilfsmittel vom Gutachter empfohlen werden, müssen diese nicht extra beantragt werden. Die Empfehlung im Gutachten wird als Antrag an die Pflegekasse weitergeleitet, wenn Sie damit einverstanden sind.

Für die hier beschriebenen Pflegehilfsmittel ist von Ihnen, wenn Sie das 18. Lebensjahr vollendet haben, eine Zuzahlung in Höhe von zehn Prozent, höchstens jedoch 25 Euro je Hilfsmittel zu leisten. Eine Befreiung von dieser Zuzahlung ist ganz oder teilweise möglich. Fragen Sie bei Ihrer Pflegekasse nach.

Pflegehilfsmittel können zum Beispiel sein:

- Pflegebett
- Antidekubitussystem

- Badewannenlifter
- Rollator

Größere Pflegehilfsmittel, wie die vorher beispielhaft genannten, werden in der Regel leihweise zur Verfügung gestellt. Die Pflegekasse übernimmt neben der Leihgebühr auch die Kosten für die individuelle Anpassung sowie die Schulung zur Anwendung des Pflegehilfsmittels. Eine Zuzahlung muss dann von Ihnen nicht geleistet werden.

Praxis-Tipp:

Die Pflegekasse muss innerhalb gesetzlich festgelegter Fristen über Ihren Antrag auf Pflegehilfsmittel entscheiden. Das sind drei Wochen nach Eingang Ihres Antrags bei der Pflegekasse. Kann die Pflegekasse in dieser Zeit nicht entscheiden, weil sie vorher ein Gutachten einer Pflegefachkraft oder des Medizinischen Dienstes einholen muss, ist sie verpflichtet, Sie schriftlich darüber zu informieren. Die Pflegekasse hat dann bis zu fünf Wochen nach Eingang Ihres Antrags zu entscheiden. Kann sie auch diese Frist nicht einhalten, z. B. weil wichtige Unterlagen Ihres behandelnden Arztes fehlen oder Sie bei der Zusendung bereits angeforderter Dokumente „bummeln", muss die Pflegekasse Sie ebenfalls schriftlich darüber informieren, dass die Frist aus wesentlichen Gründen nicht eingehalten werden kann, wie den zuvor beispielhaft genannten. Eine erhöhte Arbeitsbelastung bei der Pflegekasse oder dem Medizinischen Dienst sind übrigens keine wichtigen Gründe. Liegt kein wichtiger Grund vor, der die Pflegekasse dazu gezwungen hat, nicht fristgerecht zu entscheiden, gilt das beantragte Pflegehilfsmittel nach Ablauf der Drei-Wochen-Frist (falls die Pflegekasse Sie vor Ablauf dieser Frist nicht schriftlich darüber informiert hat, dass sie eine Pflegefachkraft bzw. den Medizinischen Dienst einschaltet) bzw. nach Ablauf der Fünf-Wochen-Frist als genehmigt. Fachleute nennen das: „Genehmigungsfiktion".

Wichtig: Damit die Pflegekasse das gewünschte Pflegehilfsmittel nach Eintritt der Genehmigungsfiktion tatsächlich erstattet, ist es wichtig, dass

- das beantragte Pflegehilfsmittel im Leistungskatalog der Pflegekasse steht (Hilfsmittelverzeichnis),
- das Pflegehilfsmittel in Ihrem Fall notwendig ist und

- Sie nicht bereits vor Ablauf der Genehmigungsfrist einen Liefervertrag mit einem Anbieter abgeschlossen haben.

Informationen dazu erhalten Sie bei Anbietern wie z. B. Sanitätshäusern.

Pflegehilfsmittel; hier: zum Verbrauch bestimmte

An den Kosten für zum Verbrauch bestimmte Pflegehilfsmittel beteiligt sich Ihre Pflegekasse bis zu einem Betrag von 40 Euro monatlich (Dieser Betrag soll ab dem 01.01.2025 und ab dem 01.01.2028 erhöht werden. Die ab diesen Zeitpunkten geltenden Euro-Beträge sind noch nicht bekannt. Ab dem 01.01.2025 wurde bisher lediglich eine Erhöhung um 4,5 Prozent angekündigt). Dieser Betrag kann nicht „angespart“ werden.

Zum Verbrauch bestimmte Pflegehilfsmittel sind z. B.

- Desinfektionsmittel,
- Einmalhandschuhe,
- Mundschutz oder
- wasserdichte Schürze.

Auch hier wird im Einzelfall geprüft, ob die beantragten Mittel notwendig sind.

Sie können bei Ihrer Pflegekasse beantragen, dass Sie die zum Verbrauch bestimmten Pflegehilfsmittel selbst kaufen und sich die Kosten später erstatten lassen. Dafür müssen Sie die Kaufbelege sammeln und diese bei der Pflegekasse zur Erstattung einreichen.

> ***Praxis-Tipp:***
>
> *Sofern Sie bereits mehrere Monate den Erstattungsbetrag von jeweils 40 Euro ausgeschöpft haben, fragen Sie bei Ihrer Pflegekasse nach, ob Sie weiterhin die Kaufbelege einreichen müssen. Die Pflegekasse hat in diesem Fall auch die Möglichkeit, auf die Vorlage der Belege zu verzichten und Ihnen die 40 Euro ohne weitere Prüfung zu überweisen.*

Wohnumfeldverbessernde Maßnahmen

Damit die Pflege zu Hause möglich ist oder erleichtert wird und Ihre Selbstständigkeit soweit wie möglich erhalten bleibt, sind oft Änderungen in der Wohnung oder im Haus notwendig. Diese Änderungen werden als „wohnumfeldverbessernde Maßnahmen" bezeichnet.

Die Pflegekasse beteiligt sich an den Kosten für wohnumfeldverbessernde Maßnahmen bis zu einem Betrag in Höhe von 4.000 Euro je Maßnahme (Dieser Betrag soll ab dem 01.01.2025 und ab dem 01.01.2028 erhöht werden. Die ab diesen Zeitpunkten geltenden Euro-Beträge sind noch nicht bekannt. Ab dem 01.01.2025 wurde bisher lediglich eine Erhöhung um 4,5 Prozent angekündigt).

Wie alle Leistungen der Pflegekasse ist auch dieser Zuschuss zu beantragen. Fügen Sie Ihrem Antrag den Kostenvoranschlag für die geplante Maßnahme bei.

Die Notwendigkeit der beantragten Maßnahme wird durch den Gutachter des Medizinischen Dienstes der Krankenversicherung geprüft.

Wohnumfeldverbessernde Maßnahmen können z. B. sein:

- Erweiterung der Türrahmen, Türgriffe niedriger setzen, automatische Türöffnung anbringen
- Anbringen von Handläufen und Haltegriffen
- Einbau einer ebenerdigen Duschtasse
- Einbau von unterfahrbaren Arbeitsplatten in der Küche und höhenverstellbaren Küchenschränken
- Ausstattung des Wohnumfeldes mit bewegungsabhängigen Lampen
- Einbau eines Treppenlifts oder einer Rampe

Als erstattungsfähige Kosten werden anerkannt:

- Kosten für Durchführungshandlungen, z. B. für die Beratung zu Angeboten von Handwerkern, die technische Beratung durch Architekten, die Beantragung von Eigentümergenehmigungen sowie anderer notwendiger Zustimmungen (Eigentümerversammlung, Straßenverkehrsamt, das Stellen von Bauanträgen oder die Bauüberwachung), die Nachschau der durchgeführten Maßnahme und die Durchsicht der Rechnungen
- Materialkosten

- Kosten für Genehmigungen
- Arbeitslohn

Wird die wohnumfeldverbessernde Maßnahme von Angehörigen, Nachbarn oder Bekannten übernommen, können die tatsächlichen Aufwendungen (z. B. Fahrkosten, Verdienstausfall) von der Pflegekasse erstattet werden, maximal bis zu 4.000 Euro pro Maßnahme.

Die Pflegekasse zahlt den Zuschuss von 4.000 Euro für jede Maßnahme. Dabei werden Maßnahmen, die zu einem bestimmten Zeitpunkt Ihrer Pflegebedürftigkeit im Zusammenhang notwendig werden, als eine Maßnahme gewertet. Sollten zu einem späteren Zeitpunkt weitere Maßnahmen notwendig sein, weil sich Ihr Pflegezustand verändert hat, beantragen Sie den Zuschuss der Pflegekasse einfach erneut.

Praxis-Tipp:

Die Pflegekasse muss innerhalb gesetzlich festgelegter Fristen über Ihren Antrag auf wohnumfeldverbessernde Maßnahmen entscheiden. Das sind drei Wochen nach Eingang Ihres Antrags bei der Pflegekasse. Kann die Pflegekasse in dieser Zeit nicht entscheiden, weil sie vorher ein Gutachten einer Pflegefachkraft oder des Medizinischen Dienstes einholen muss, ist sie verpflichtet, Sie schriftlich darüber zu informieren.

Die Pflegekasse hat dann bis zu fünf Wochen nach Eingang Ihres Antrags zu entscheiden. Kann sie auch diese Frist nicht einhalten, z. B. weil wichtige Unterlagen fehlen oder Sie bei der Zusendung bereits angeforderter Dokumente „bummeln", muss die Pflegekasse sie ebenfalls schriftlich darüber informieren, dass die Frist aus wesentlichen Gründen nicht eingehalten werden kann, wie den zuvor beispielhaft genannten. Eine erhöhte Arbeitsbelastung bei der Pflegekasse oder dem Medizinischen Dienst sind übrigens keine wichtigen Gründe.

Liegt kein wichtiger Grund vor, der die Pflegekasse dazu gezwungen hat, nicht fristgerecht zu entscheiden, gilt die beantragte wohnumfeldverbessernde Maßnahme nach Ablauf der Drei-Wochen-Frist (falls die Pflegekasse Sie vor Ablauf dieser Frist nicht schriftlich darüber informiert hat, dass sie eine Pflegefachkraft bzw. den Medizinischen Dienst einschaltet) bzw. nach Ablauf der Fünf-Wochen-Frist als genehmigt. Fachleute nennen das: „Genehmigungsfiktion".

Neu ab 01.07.2024: Zusatzleistung, wenn die Pflegeperson eine medizinische Rehabilitation wahrnimmt

Auch Sie als pflegende Angehörige können in die Situation kommen, dass Sie eine stationäre Rehabilitationsbehandlung wahrnehmen müssen.

Doch was passiert in dieser Zeit mit dem von Ihnen versorgten pflegebedürftigen Angehörigen? Wenn dieser einen Pflegegrad hat – also pflegebedürftig im Sinne der sozialen Pflegeversicherung ist – bezahlt Ihre Krankenkasse für ihn die Kosten, die entstehen, weil er zeitgleich mit Ihnen in die stationäre Rehabilitationseinrichtung aufgenommen und dort versorgt wird. Soll er in dieser Zeit in einer anderen Einrichtung versorgt werden, bezahlt die Krankenkasse auch die dort entstehenden Kosten. Wenn Sie und Ihr pflegebedürftiger Angehöriger es wünschen, koordiniert Ihre Krankenkasse die zeitgleiche Aufnahme von Ihnen in der stationären Rehabilitationseinrichtung und Ihres pflegebedürftigen Angehörigen in der gewünschten anderen Einrichtung, z. B. einer Kurzzeitpflegeeinrichtung.

> ***Praxis-Tipp:***
>
> *Werden die Kosten für Ihre medizinische Rehabilitation von Ihrer Krankenkasse übernommen, übernimmt diese auch die Kosten, die durch die zeitgleiche Mitaufnahme und Versorgung Ihres pflegebedürftigen Angehörigen in der Rehabilitationseinrichtung entstehen. Mehr dazu erfahren Sie im Abschnitt „Leistungen der gesetzlichen Krankenkasse für die Pflege zu Hause", im Kapitel „Zusatzleistung, wenn die Pflegeperson eine medizinische Rehabilitation wahrnimmt".*

Schwerbehindertenausweis und Nachteilsausgleiche

Spätestens dann, wenn Sie Leistungen der Pflegeversicherung beantragen, sollten Sie auch einen Antrag auf die Ausstellung eines Schwerbehindertenausweises stellen. Bearbeitungszeiten von mehreren Monaten sind hier keine Seltenheit.

Ab einem Grad der Behinderung von 50 haben Sie Anspruch auf viele Vorteile. Diese werden von Fachleuten auch „Nachteilsausgleiche“ genannt. Welche es gibt und welche für Sie gelten, können Sie beispielsweise im Internet unter www.betanet.de nachlesen. Zudem können der Grad der Behinderung und die ggf. auf dem Schwerbehindertenausweis eingetragenen Merkzeichen die Inanspruchnahme von Leistungen der Krankenkasse vereinfachen – wie z. B. Krankenfahrten – und zu einer geringeren Belastungsgrenze führen, wenn es um gesetzliche Zuzahlungen zu Leistungen der Krankenkasse geht.

Die folgende Schritt-für-Schritt-Anleitung führt Sie durch das Antragsverfahren:

Schritt 1: Stellen Sie Unterlagen zusammen

Der Antrag auf die Feststellung der Schwerbehinderung muss anhand einer Vielzahl von Unterlagen begründet werden. Darum sollten Sie zunächst die Unterlagen zusammenstellen, die Ihnen bereits vorliegen. Dazu gehören z. B.:

- Pflegegutachten, falls bereits ein Pflegegrad festgestellt wurde
- Entlassungsberichte nach stationären Behandlungen im Krankenhaus bzw. stationären Rehabilitationsmaßnahmen
- Arztbriefe, aus denen Diagnosen und Beeinträchtigungen hervorgehen
- Untersuchungsberichte wie z. B. Laborbefunde, EKG-Auswertungen
- medizinische Gutachten, die ggf. im Zusammenhang mit Verletzungsfolgen oder im Rahmen von Anträgen auf Erwerbsunfähigkeitsrente erstellt wurden

Schritt 2: Beraten Sie sich mit Ihrem behandelnden Arzt

Zeigen Sie Ihrem Arzt die Unterlagen, die Sie zusammengestellt haben. Er wird Ihnen eine erste Einschätzung geben können, ob sich für Sie ein Antrag auf einen Schwerbehindertenausweis lohnen kann, und wird Sie unterstützen, wenn Sie dazu Atteste oder ähnliche medizinische Nachweise vorlegen müssen. Er kann Ihnen auf Wunsch auch eine Stellungnahme schreiben, aus der seine Einschätzung Ihres Gesundheitszustandes hervorgeht.

Praxis-Tipp:

Schreibt Ihr behandelnder Arzt Ihnen eine solche Stellungnahme, darf er Ihnen dafür eine Gebühr in Rechnung stellen. Diese wird nicht von der Krankenkasse bezahlt, sondern muss von Ihnen übernommen werden.

Denken Sie daran, Ihre behandelnden Ärzte im Zusammenhang mit Rückfragen des Versorgungsamts, die sich aus Ihrem Antrag auf Feststellung der Schwerbehinderung ergeben, von der Schweigepflicht zu befreien. Denn Ihr Arzt gibt ohne Ihre Zustimmung keine Daten weiter. Am besten informieren Sie sich beim zuständigen Versorgungsamt, ob es geeignete Vordrucke gibt, die Sie hierzu verwenden. Oftmals enthalten die Antragsformulare bereits eine Erklärung, mit der Sie zustimmen, dass das Amt Kontakt zu Ärzten und anderen Stellen aufnehmen darf, um über Ihren Antrag zu entscheiden.

Schritt 3: Stellen Sie den Antrag

Verwenden Sie dafür den Antragsvordruck „Ihres“ Versorgungsamts, also des Versorgungsamts, das für Ihren Wohnort zuständig ist. Welches das ist, können Sie der folgenden Tabelle entnehmen.

5

Bundesland	Versorgungsamt
Baden-Württemberg	Landratsamt Ihres Landkreises Falls Sie in einem Stadtkreis leben, gelten folgende Zuständigkeiten: Stadtkreis Stuttgart – Landratsamt Böblingen Stadtkreis Heilbronn – Landratsamt Heilbronn Stadtkreis Baden-Baden – Landratsamt Rastatt Stadtkreis Heidelberg – Landratsamt Rhein-Neckar-Kreis Stadtkreis Mannheim – Landratsamt Rhein-Neckar-Kreis Stadtkreis Karlsruhe – Landratsamt Karlsruhe Stadtkreis Pforzheim – Landratsamt des Enzkreises Stadtkreis Freiburg – Landratsamt Breisgau-Hochschwarzwald Stadtkreis Ulm – Landratsamt des Alb-Donau-Kreises
Bayern	Antrag kann online gestellt werden unter: https://www.schwerbehindertenantrag.bayern.de/online-antrag/default.aspx Sonst bei dem für Ihren Regierungsbezirk zuständigen Standort des Zentrums Bayern Familie und Soziales: Oberbayern – Landshuter Str. 55, 93053 Regensburg Mittelfranken – Bärenschanzstraße 8a, 90429 Nürnberg Oberfranken – Hegelstraße 2, 95447 Bayreuth Unterfranken – Georg-Eydel-Straße 13, 97082 Würzburg Niederbayern – Friedhofstraße 7, 84028 Landshut Schwaben – Morellstraße 30, 86159 Augsburg Oberpfalz – Landshuter Str. 55, 93053 Regensburg
Berlin	Landesamt für Gesundheit und Soziales (LAGeSo) Postfach 310929, 10639 Berlin
Brandenburg	Antrag kann online gestellt werden unter: https://lasv.brandenburg.de/lasv/de/behinderung/schwerbehinderung/ Sonst beim Landesamt für Soziales und Versorgung Lipezker Straße 45, Haus 5, 03048 Cottbus

Bundesland	Versorgungsamt
Bremen	Amt für Versorgung und Integration Bremen Doventorscontrescarpe 172 D, 28195 Bremen Außenstelle in Bremerhaven: Barkhausenstr. 22, 27568 Bremerhaven
Hamburg	Antrag kann online gestellt werden unter: https://www.hamburg.de/schwerbehindertenausweis/11067150/online-antrag/ Sonst beim Versorgungsamt Hamburg: Adolph-Schönfelder-Straße 5, 22083 Hamburg
Hessen	Antrag kann online gestellt werden unter: https://schwerbehindertenantrag.hessen.de/FV/Online-antrag/Default.aspx Sonst beim Hessischen Amt für Versorgung und Soziales Die für Sie geltenden Zuständigkeiten finden Sie unter: https://rp-giessen.hessen.de/soziales/versorgungsverwaltung/ansprechpartner-und-adressen Darmstadt – Schottener Weg 3 (am Messplatz), 64289 Darmstadt Frankfurt a. M. – Walter-Möller-Platz 1, 60439 Frankfurt am Main Fulda – Postfach 2351, 36013 Fulda Gießen – Postfach 101052, 35340 Gießen Kassel – Mündener Straße 4, 34123 Kassel Wiesbaden – Postfach 5747, 65047 Wiesbaden
Mecklenburg-Vorpommern	Landesamt für Gesundheit und Soziales Örtliche Zuständigkeit für die Kreise: Mecklenburgische Seenplatte, Altkreis Demmin, Müritz, Uecker-Randow Neubrandenburg – Neustrelitzer Straße 120, 17033 Neubrandenburg

5

Bundesland	Versorgungsamt
Mecklenburg-Vorpommern	Örtliche Zuständigkeit für Landkreis Rostock, Kreisfreie Stadt Rostock, Anträge nach dem Sozialen Entschädigungsrecht werden für die angeführten Kreise im Dezernat Schwerin bearbeitet Rostock – Friedrich-Engels-Platz 5–8, 18055 Rostock Örtliche Zuständigkeit für Kreise: Ludwigslust-Parchim, Nordwestmecklenburg, Kreisfreie Stadt Schwerin Schwerin – Friedrich-Engels-Str. 47, 19061 Schwerin Örtliche Zuständigkeit für Kreise: Vorpommern-Rügen, Altkreis Ostvorpommern Stralsund – Frankendamm 17, 18439 Stralsund
Niedersachsen	Antrag kann online gestellt werden unter: https://soziales.niedersachsen.de/startseite/menschen_mit_behinderung/behinderung_und_ausweis/ls_online/ls-online-141.html Sonst bei den zuständigen Stellen des Niedersächsischen Landesamts für Soziales, Jugend und Familie. Zuständig sind die Außenstellen in den Landkreisen: Braunschweig – Schillstr. 1, 38102 Braunschweig Hannover – Schiffgraben 30–32, 30175 Hannover Hildesheim – Domhof 1, 31134 Hildesheim Lüneburg – Auf der Hude 2, 21339 Lüneburg Oldenburg – Moslestr. 1, 26122 Oldenburg Osnabrück – Iburger Str. 30, 49082 Osnabrück Verden – Marienstr. 8, 27283 Verden (Aller)
Nordrhein-Westfalen	Antrag kann online gestellt werden unter: https://www.elsa.nrw.de/elsa/cgi-bin/elsa.php Sonst bei den zuständigen Versorgungsämtern in den Kreisen und kreisfreien Städten. Eine Übersicht finden Sie hier: https://www.bezreg-muenster.de/zentralablage/dokumente/gesundheit_und_soziales/schwerbehindertenrecht/Einlegeblatt-Antragsvordruck-SB-5-26a-Adressen-Kommunen.pdf

Bundesland	Versorgungsamt
Rheinland-Pfalz	Antrag kann online gestellt werden unter: https://gwlsjv.service24.rlp.de/FV/Onlineantrag/ Sonst bei den zuständigen Standorten des Landesamt für Soziales, Jugend und Versorgung: Regional zuständig für die Stadt-/Landkreise: Ahrweiler, Altenkirchen, Cochem-Zell, Koblenz, Mayen-Koblenz, Neuwied, Rhein-Hunsrück-Kreis, Rhein-Lahn-Kreis und Westerwald-Kreis Koblenz – Baedekerstraße 2–20, 56073 Koblenz Regional zuständig für die Stadt-/Landkreise: Bad Dürkheim, Donnersbergkreis, Frankenthal (Pfalz), Germersheim, Kaiserslautern (Stadt), Kaiserslautern (Land), Kusel, Landau in der Pfalz, Rhein-Pfalz-Kreis, Ludwigshafen am Rhein (Stadt), Neustadt an der Weinstraße, Pirmasens, Speyer, Südliche Weinstraße, Südwestpfalz und Zweibrücken Landau – Reiterstraße 16, 76829 Landau Regional zuständig für die Stadt-/Landkreise: Alzey-Worms, Bad Kreuznach, Mainz, Mainz-Bingen und Worms Mainz – Schießgartenstraße 6, 55116 Mainz Regional zuständig für die Stadt-/Landkreise: Bernkastel-Wittlich, Birkenfeld, Eifelkreis Bitburg-Prüm, Vulkaneifel, Trier und Trier-Saarburg Trier – Moltkestraße 19 und In der Reichsabtei 6, 54292 Trier
Saarland	Antrag kann online gestellt werden unter: https://www.saarland.de/SharedDocs/ExterneLinks/DE/las/LAS/onlineantragschweb.html Sonst beim Landesamt für Soziales: Postfach 10 32 52, 66032 Saarbrücken

5

5

Bundesland	Versorgungsamt
Sachsen	Zuständig ist die jeweilige Stadtverwaltung oder das Landratsamt. Die für Sie zuständige Stelle können Sie hier ermitteln: https://amt24.sachsen.de/web/guest/leistung/-/sbw/Schwerbehindertenausweis+beantragen-6002411-leistung-0
Sachsen-Anhalt	Landesverwaltungsamt Sachsen-Anhalt – Versorgungsamt Magdeburg – Olvenstedter Str. 1–2, 39108 Magdeburg, Landeshauptstadt Halle (Saale) – Maxim-Gorki-Straße 7, 06114 Halle (Saale), Stadt
Schleswig-Holstein	Landesamt für Soziale Dienste Die für Sie geltenden örtlichen Zuständigkeiten finden Sie hier: https://schwerbehindertenantrag.de/schleswig-holstein.html Heide – Neue Anlage 9, 25746 Heide Kiel – Brunswiker Straße 4, 24105 Kiel Lübeck – Große Burgstraße 4, 23552 Lübeck Neumünster – Steinmetzstraße 1–11, 24534 Neumünster Schleswig – Seminarweg 6, 24837 Schleswig
Thüringen	Zuständig ist der Kreis oder die kreisfreie Stadt. Die für Sie zuständige Stelle können Sie hier nachlesen (Anlage V): https://landesverwaltungsamt.thueringen.de/fileadmin/user_upload/Behinderung_und_Ausweis.pdf

Den Antrag beim Versorgungsamt kann auch eine Person stellen, die von Ihnen dazu bevollmächtigt wurde. Bitte fragen Sie bei Ihrem Versorgungsamt nach, ob es hierfür einen besonderen Vordruck gibt.

In der Regel ist der Ausweis fünf Jahre gültig. Denken Sie deshalb daran, rechtzeitig – spätestens drei Monate vor Ablauf der fünf Jahre – einen Verlängerungsantrag zu stellen. Hierfür gibt es in einigen Bundesländern gesonderte Vordrucke, die Sie ebenfalls bei dem für Sie zuständigen Versorgungsamt erhalten.

6.

Rechte pflegender Angehöriger

Kurzzeitige Arbeitsverhinderung, Pflegezeit und Familienpflegezeit

Diese Begriffe sollten Sie kennen

Pflegezeitgesetz

Das Pflegezeitgesetz gibt es bereits seit Juli 2008. Es wird mit PflegeZG abgekürzt. Im Jahr 2015 wurde es erweitert. So wurde es z. B. um die Möglichkeit ergänzt, dass sich Beschäftigte für bis zu drei Monate von der Arbeit freistellen lassen können, um einem nahen Angehörigen in seiner letzten Lebensphase beizustehen.

Heute regelt das PflegeZG diese Freistellungsansprüche:

- kurzzeitige Arbeitsverhinderung
- Pflegezeit
- Freistellung für die Betreuung minderjähriger naher Angehöriger, die pflegebedürftig sind
- Freistellung zur Begleitung eines nahen Angehörigen in der letzten Lebensphase.

Darüber hinaus beinhaltet das PflegeZG Regelungen, die so eins zu eins auch für das Familienpflegezeitgesetz (siehe nächsten Begriff) gelten. Dazu gehören der Kündigungsschutz sowie Definitionen zu den Begriffen „nahe Angehörige“ und „Beschäftigte“.

Familienpflegezeitgesetz

Auch das Familienpflegezeitgesetz gibt es bereits länger, seit dem Jahr 2012. Es wird abgekürzt mit FPfZG. In der damaligen Fassung beinhaltete es, anders als heute, jedoch keinen Rechtsanspruch auf teilweise Freistellung. Es hatte eher einen empfehlenden Charakter. Arbeitgeber konnten dieser Empfehlung folgen oder nicht, sofern für sie nicht ohnehin entsprechende tarifvertragliche Regelungen galten oder sie aufgrund einer Betriebsvereinbarung zur Freistellung verpflichtet waren.

Heute beinhaltet das FPfZG insbesondere

- die Familienpflegezeit und
- das zinslose Darlehen.

Beschäftigte

Als Beschäftigte gelten bei der Pflegezeit ebenso wie bei der kurzzeitigen Arbeitsverhinderung:

- Arbeitnehmerinnen und Arbeitnehmer
- die zu ihrer Berufsbildung Beschäftigten, z. B. Azubis, Volontäre, Praktikanten
- Personen, die wegen ihrer wirtschaftlichen Unselbstständigkeit als arbeitnehmerähnliche Personen anzusehen sind, z. B. die in Heimarbeit Beschäftigten und die ihnen Gleichgestellten

> ***Praxis-Tipp:***
>
> *In einigen Veröffentlichungen zum PflegeZG und dem FPfZG wird anstelle des Begriffs „Beschäftigte" der Begriff „Berufstätige" verwendet. Das ist nicht korrekt, da diese Gesetze die Rechtsansprüche derjenigen regeln, die bei einem Arbeitgeber beschäftigt sind (mit Ausnahme von Beamtinnen und Beamten). Der Begriff „Berufstätige" umfasst dagegen auch selbstständig Tätige. Für sie gelten die genannten Gesetze jedoch nur, wenn sie auch Arbeitgeber sind.*

Nahe Angehörige

Ein Rechtsanspruch auf eine vollständige oder teilweise Freistellung von der Arbeit nach dem PflegeZG oder dem FPfZG setzt voraus, dass es um einen nahen Angehörigen geht. Doch was sind nahe Angehörige? Diese Frage wird in § 7 Abs. 3 PflegeZG beantwortet. Danach sind diese Personen nahe Angehörige:

- Großeltern, Eltern, Schwiegereltern, Stiefeltern
- Ehegatten, Lebenspartner, Partner einer eheähnlichen oder lebenspartnerschaftsähnlichen Gemeinschaft
- Geschwister, Ehegatten der Geschwister und Geschwister der Ehegatten, Lebenspartner der Geschwister und Geschwister der Lebenspartner
- Kinder, Adoptiv- oder Pflegekinder, die Kinder, Adoptiv- oder Pflegekinder des Ehegatten oder Lebenspartners, Schwiegerkinder und Enkelkinder

Kurzzeitige Arbeitsverhinderung und Pflegeunterstützungsgeld

Das ist eine kurzzeitige Arbeitsverhinderung

Die kurzzeitige Arbeitsverhinderung ist in § 2 des Pflegezeitgesetzes (PflegeZG) geregelt. Danach können Beschäftigte ihrer Arbeit für maximal zehn Arbeitstage fernbleiben, wenn das notwendig ist, um

- für einen nahen Angehörigen, der pflegebedürftig im Sinne der sozialen Pflegeversicherung ist oder voraussichtlich mindestens Pflegegrad 1 haben wird,
- in einer akuten Pflegesituation
- eine bedarfsgerechte Pflege

zu organisieren oder die pflegerische Versorgung in dieser Zeit selbst zu übernehmen.

> ***Praxis-Tipp:***
>
> *Wie Sie sehen, geht es bei der kurzzeitigen Arbeitsverhinderung u. a. darum, dass der nahe Angehörige pflegebedürftig im Sinne der sozialen Pflegeversicherung ist oder voraussichtlich Pflegegrad 1 haben wird. Sollte Ihr naher Angehöriger bisher noch keine Leistungen bei seiner Pflegekasse beantragt haben, denken Sie bitte daran, dass er diesen Antrag spätestens an dem Tag stellt, an dem Ihre kurzzeitige Arbeitsverhinderung beginnt.*

Wer darf die kurzzeitige Arbeitsverhinderung nutzen?

Die kurzzeitige Arbeitsverhinderung können Beschäftigte nutzen. Dazu gehören:

- Arbeitnehmerinnen und Arbeitnehmer
- die zu ihrer Berufsbildung Beschäftigten
- Personen, die wegen ihrer wirtschaftlichen Unselbstständigkeit als arbeitnehmerähnliche Personen anzusehen sind, z. B. die in Heimarbeit Beschäftigten und die ihnen Gleichgestellten

Wie muss der Arbeitgeber informiert werden?

Ihrem Arbeitgeber teilen Sie die kurzzeitige Arbeitsverhinderung unverzüglich mit, ähnlich wie bei der Pflege eines erkrankten Kindes. Auf Verlangen Ihres Arbeitgebers müssen Sie ihm zusätzlich die ärztliche Bescheinigung darüber vorlegen, dass Ihr naher Angehöriger sich in einer akuten Pflegesituation befindet und Sie darum kurzzeitig von Ihrer Arbeit freigestellt werden müssen.

> ***Praxis-Tipp:***
>
> *Die Pflegekasse des nahen Angehörigen muss zu diesem Zeitpunkt noch keinen Pflegegrad bescheinigt haben. Als Nachweis gegenüber dem Arbeitgeber genügt ein ärztliches Attest, in dem der behandelnde Arzt bescheinigt, dass der nahe Angehörige voraussichtlich pflegebedürftig im Sinne der sozialen Pflegeversicherung ist und eine akute Pflegesituation vorliegt. Die Namen des voraussichtlich pflegebedürftigen nahen Angehörigen und des Beschäftigten müssen aus dem ärztlichen Attest hervorgehen. Die Kosten für das Attest muss der Beschäftigte bezahlen. Machen Sie sich eine Kopie dieses Attests. Sie brauchen es auch, um bei der Pflegekasse Ihres nahen Angehörigen Pflegeunterstützungsgeld zu beantragen (siehe unten).*

Darf die kurzzeitige Arbeitsverhinderung wiederholt in Anspruch genommen werden?

Das PflegeZG begrenzt zwar die Dauer der kurzzeitigen Arbeitsverhinderung für den Beschäftigten (max. zehn Arbeitstage in einer akuten Pflegesituation), nicht aber die Häufigkeit, in der die kurzzeitige Arbeitsverhinderung in Anspruch genommen werden kann. Das bedeutet aber nicht, dass Beschäftigte jedes Mal Anspruch auf die kurzzeitige Arbeitsverhinderung haben, wenn der pflegebedürftige nahe Angehörige akut erkrankt, z. B. an einem grippalen Infekt. Das liegt daran, dass der Gesetzgeber und inzwischen auch die Rechtsprechung den Begriff „akute Pflegesituation" sehr eng auslegen. Als akute Pflegesituationen werden deshalb in der Regel anerkannt, wenn

- der nahe Angehörige zum ersten Mal Leistungen der Pflegeversicherung beantragt und die pflegerische Versorgung unerwartet schnell organisiert oder sichergestellt werden muss, z. B. der nahe Angehörige erleidet einen Schlaganfall und benötigt sofort nach der Entlassung aus dem Krankenhaus Pflege, oder

- der nahe Angehörige bereits einen Pflegegrad hat und die Pflegeperson, die ihn zu Hause versorgt, überraschend selbst so schwer erkrankt, dass sie dauerhaft als Pflegeperson wegfällt und deshalb die Pflege neu organisiert werden muss, oder
- der nahe Angehörige einen Pflegegrad hat und zu Hause versorgt wird, jedoch plötzlich so schwer erkrankt, dass eine weitere Pflege zu Hause nicht möglich ist und deshalb die dauerhafte Unterbringung in einem Pflegeheim organisiert werden muss.

Sobald sich über einen längeren Zeitraum abzeichnet, dass eine pflegerische Versorgung (neu) organisiert oder vorübergehend sichergestellt werden muss, handelt es sich nicht mehr um eine akute Pflegesituation. Das kann z. B. dann der Fall sein, wenn sich aufgrund des zunehmenden Alters und der schrittweisen Verschlechterung chronischer Erkrankungen des nahen Angehörigen über viele Wochen abzeichnet, dass es auf Dauer ohne pflegerische Hilfe nicht mehr weitergeht.

Dürfen mehrere Beschäftigte die kurzzeitige Arbeitsverhinderung für denselben nahen Angehörigen in Anspruch nehmen?

Ja, denn der Anspruch auf kurzzeitige Arbeitsverhinderung steht jedem Beschäftigten zu, wenn die übrigen Voraussetzungen erfüllt sind (naher Angehöriger, akute Pflegesituation, Pflege organisieren oder selbst übernehmen).

Haben Beamte Anspruch auf kurzzeitige Arbeitsverhinderung?

Beamte können keine kurzzeitige Arbeitsverhinderung nach dem PflegeZG in Anspruch nehmen. Sie können jedoch andere Freistellungsmöglichkeiten nutzen. Welche das sind und wie diese beantragt werden müssen, erfahren Beamte bei ihrem jeweiligen Dienstherrn.

Was ist das Pflegeunterstützungsgeld?

Die meisten Arbeitgeber zahlen während der kurzzeitigen Arbeitsverhinderung das Entgelt nicht weiter. Der Beschäftigte wird unbezahlt freigestellt. Um diese Einkommenslücke zu schließen, gibt es eine Entgeltersatzleistung der Pflegekasse, das Pflegeunterstützungsgeld.

> ***Praxis-Tipp:***
>
> *Der Anspruch auf Pflegeunterstützungsgeld ist pro Kalenderjahr auf insgesamt zehn Arbeitstage pro pflegebedürftigem nahen Angehörigen begrenzt. Das bedeutet: Nehmen im selben Kalenderjahr mehrere Beschäftigte die kurzzeitige Arbeitsverhinderung in Anspruch, müssen sie sich das Pflegeunterstützungsgeld für zehn Arbeitstage entweder teilen – fünf Arbeitstage Beschäftigter A/fünf Arbeitstage Beschäftigter B – oder vereinbaren, dass nur einer von ihnen das Pflegeunterstützungsgeld bekommt. Nimmt ein Beschäftigter die kurzzeitige Arbeitsverhinderung im selben Kalenderjahr für denselben nahen Angehörigen in verschiedenen akuten Pflegesituationen in Anspruch, z. B. in der ersten akuten Pflegesituation im Februar 2024 für acht Arbeitstage mit Pflegeunterstützungsgeld und in der zweiten akuten Pflegesituation im Dezember 2024 für zehn Arbeitstage, so zahlt die Pflegekasse für die zweite kurzzeitige Arbeitsverhinderung nur noch zwei Arbeitstage Pflegeunterstützungsgeld.*

6

Wo muss das Pflegeunterstützungsgeld beantragt werden?

Das Pflegeunterstützungsgeld muss schriftlich bei der Pflegekasse des pflegebedürftigen nahen Angehörigen beantragt werden. Dazu senden Sie der Pflegekasse eine Bescheinigung des behandelnden Arztes, in der dieser bestätigt, dass

- Sie kurzzeitig von der Arbeit freigestellt werden müssen, weil Ihr naher Angehöriger sich in einer akuten Pflegesituation befindet und
- Ihr naher Angehöriger voraussichtlich mindestens eine Pflegebedürftigkeit der Pflegestufe 1 hat.

Die Pflegekasse wird Ihnen dann ein Formular zusenden, in welchem Ihr Arbeitgeber einträgt, wie viel Entgelt Ihnen während der kurzzeitigen Arbeitsverhinderung entgangen ist.

So informieren Sie Ihren Arbeitgeber

Ihrem Arbeitgeber teilen Sie die kurzzeitige Arbeitsverhinderung unverzüglich mit, ähnlich wie bei der Pflege eines erkrankten Kindes. Auf Verlangen Ihres Arbeitgebers müssen Sie ihm zusätzlich die ärztliche Bescheinigung darüber vorlegen, dass Ihr naher Angehöriger sich in einer akuten Pflegesituation befindet und Sie darum kurzzeitig von Ihrer Arbeit freigestellt werden müssen. Machen Sie sich darum unbedingt eine Kopie dieser ärztlichen Bescheinigung, bevor Sie diese bei der Pflegekasse Ihres nahen Angehörigen einreichen, um Pflegeunterstützungsgeld zu beantragen.

Wie viel zahlt die Pflegekasse?

Fragen Sie zunächst bei Ihrem Arbeitgeber nach, ob dieser z. B. aufgrund eines Tarifvertrags verpflichtet ist, Ihnen vorübergehend Ihr Entgelt weiterzuzahlen, wenn Sie aufgrund der Pflege eines nahen Angehörigen kurzzeitig an der Arbeit gehindert sind.

Ist das nicht der Fall, zahlt die Pflegekasse Pflegeunterstützungsgeld für die Dauer von maximal zehn Arbeitstagen. Das Bruttopflegeunterstützungsgeld beträgt 90 Prozent des tatsächlich ausgefallenen Nettoarbeitsentgelts (ohne Einmalzahlung in den letzten zwölf Monaten), bzw. 100 Prozent des tatsächlich ausgefallenen Nettoarbeitsentgelts (mit Einmalzahlung in den letzten zwölf Monaten). Vom Bruttopflegeunterstützungsgeld werden Beiträge zur Krankenversicherung, Rentenversicherung und zur Arbeitslosenversicherung abgezogen.

Das Bruttopflegeunterstützungsgeld darf pro Kalendertag 70 Prozent der kalendertäglichen Beitragsbemessungsgrenze in der Krankenversicherung nicht übersteigen. Bei der Beitragsbemessungsgrenze handelt es sich ebenso wie bei der Bezugsgröße um eine Rechengröße in der Sozialversicherung. Die Beitragsbemessungsgrenze pro Kalendertag beträgt aktuell 166,25 Euro (Stand: 01.01.2023). Das maximal mögliche Bruttopflegeunterstützungsgeld pro Tag sind davon 70 Prozent, das sind 116,38 Euro.

Haben auch selbstständig Tätige Anspruch auf Pflegeunterstützungsgeld?

Wie Sie bereits gelesen haben, haben nur Beschäftigte Anspruch auf die kurzzeitige Arbeitsverhinderung. Leider gilt das auch für das Pflegeunterstützungsgeld. Der Anspruch darauf ist nur Beschäftigten vorbehalten, die eine kurzzeitige Arbeitsverhinderung in Anspruch nehmen. Kein Anspruch auf kurzzeitige Arbeitsverhinderung heißt darum auch: kein Anspruch auf Pflegeunterstützungsgeld.

> ***Praxis-Tipp:***
>
> *Wenn Sie landwirtschaftlicher Unternehmer sind, haben Sie unter bestimmten Voraussetzungen pro Kalenderjahr für bis zu zehn Arbeitstage Anspruch auf Betriebshilfe, wenn Sie einen nahen Angehörigen in einer akuten Pflegesituation unterstützen und deshalb Ihren Betrieb vorübergehend nicht fortführen können. Landwirtschaftliche Unternehmer sind:*
>
> - *Unternehmer der Land- und Forstwirtschaft*
> - *Unternehmer des Wein- und Gartenbaus*
> - *Unternehmer der Teichwirtschaft*
> - *Unternehmer der Fischzucht*
>
> *Die Einzelheiten können Sie bei der für Sie zuständigen Krankenversicherung für Landwirte erfragen.*

6

Pflegezeit

Was ist die Pflegezeit?

Für die Dauer von bis zu sechs Monaten können Sie sich vollständig oder teilweise von der Arbeit freistellen lassen, um einen nahen Angehörigen in seiner häuslichen Umgebung zu pflegen. Diese Zeit wird Pflegezeit genannt. Gesetzlich geregelt ist die Pflegezeit im Pflegezeitgesetz (PflegeZG).

Wer hat Anspruch auf Pflegezeit?

Anspruch auf Pflegezeit haben Beschäftigte, wenn sie einen pflegebedürftigen nahen Angehörigen in häuslicher Umgebung pflegen.

Voraussetzung ist, dass sie bei einem Arbeitgeber arbeiten, der mindestens 16 Beschäftigte hat.

> ***Praxis-Tipp:***
>
> *Ist der pflegebedürftige nahe Angehörige minderjährig, besteht ein Anspruch auf Freistellung auch dann, wenn er nicht in häuslicher Umgebung betreut wird. Diese Freistellung kann auch dazu genutzt werden, um z. B. das pflegebedürftige Kind in längeren stationären Behandlungsphasen im Krankenhaus oder der Rehabilitationseinrichtung zu betreuen.*
> *Um die Zahl der Beschäftigten zu ermitteln, werden die „Köpfe" gezählt. Eine Umrechnung auf Vollzeitkräfte wird nicht vorgenommen.*

Beschäftigte in Unternehmen mit 15 oder weniger Mitarbeitern haben zwar keinen gesetzlichen Anspruch auf Pflegezeit, sie können jedoch bei ihrem Arbeitgeber Pflegezeit beantragen. Der Arbeitgeber muss innerhalb von vier Wochen über den Antrag entscheiden und seine Entscheidung dem Beschäftigten schriftlich mitteilen, im Fall einer Ablehnung bzw. teilweisen Ablehnung mit Angabe der Gründe.

Wie wird die Pflegezeit beim Arbeitgeber angemeldet?

Spätestens zehn Arbeitstage, bevor Sie die Pflegezeit beginnen wollen, müssen Sie Ihren Arbeitgeber schriftlich informieren über:

- den Beginn der Pflegezeit
- das voraussichtliche Ende der Pflegezeit
- den Umfang der Freistellung von der Arbeitsleistung (vollständige Freistellung oder Arbeitszeitverkürzung)

Wenn Sie sich während der Pflegezeit nicht vollständig von der Arbeit befreien lassen, sondern Ihre Arbeitszeit nur verkürzen wollen, müssen Sie mit Ihrer oben genannten schriftlichen Ankündigung dem Arbeitgeber auch mitteilen, wie Sie die verbleibende Arbeitszeit verteilen wollen. Die geringere Arbeitszeit und die Verteilung der Arbeitszeit werden mit Ihrem Arbeitgeber schriftlich vereinbart. Ihr Arbeitgeber muss hierbei Ihre Wünsche akzeptieren, wenn keine dringenden betrieblichen Gründe dagegensprechen. Solche dringenden betrieblichen Gründe könnten z. B. vorliegen, wenn Sie Verkäufer in einem Geschäft sind und in der Pflegezeit eine Arbeitszeit von 6.00 Uhr bis 9.00 Uhr wünschen, obwohl das Geschäft montags bis samstags von 9.30 Uhr bis 20.00 Uhr geöffnet hat.

Zusätzlich müssen Sie Ihrem Arbeitgeber nachweisen, dass Ihr naher Angehöriger pflegebedürftig im Sinne der sozialen Pflegeversicherung ist. Dieser Nachweis kann der Bescheid der Pflegekasse über den Pflegegrad oder ein Schreiben des Medizinischen Dienstes (MD) sein, mit welcher die Pflegebedürftigkeit Ihres nahen Angehörigen bescheinigt wird.

Praxis-Tipp:

Wenn Sie Ihrem Arbeitgeber angekündigt haben, dass Sie Pflegezeit nehmen wollen, gelten für den MD verkürzte Fristen für die Prüfung, ob Ihr naher Angehöriger pflegebedürftig ist. Diese verkürzten Fristen gelten auch für Medicproof. Das ist das Unternehmen, welches tätig wird, wenn Ihr naher Angehöriger privat kranken- und pflegeversichert ist.

Es gelten dann diese Fristen:

- *eine Woche, wenn Ihr naher Angehöriger stationär im Krankenhaus oder einer Rehabilitationseinrichtung behandelt wird und Sie direkt nach der Entlassung aus dem Krankenhaus bzw. der Rehabilitationseinrichtung die häusliche Pflege übernehmen müssen*
- *zwei Wochen, wenn Ihr naher Angehöriger bereits in häuslicher Umgebung versorgt wird und Sie die Pflege übernehmen wollen*

6

Im Ergebnis dieser „Eilprüfung“ erhält Ihr naher Angehöriger nur die Mitteilung, ob er pflegebedürftig ist und, falls ja, ob mindestens Pflegegrad 2 vorliegt. Lassen Sie sich von der Aussage mit Pflegegrad 2 nicht irritieren. Anspruch auf Pflegezeit haben Sie bereits, wenn bei Ihrem nahen Angehörigen Pflegegrad 1 festgestellt wird. Pflegegrad 2 hat erst Bedeutung, wenn es um die soziale Sicherung geht (lesen Sie dazu auch den Abschnitt „Soziale Sicherung für Pflegepersonen“). Eine „richtige“ Begutachtung findet erst statt, wenn Ihr naher Angehöriger wieder zu Hause ist.

Wichtig: Damit diese verkürzten Fristen gelten, sollte Ihr naher Angehöriger nach Möglichkeit bereits in seinem Antrag auf Leistungen der Pflegeversicherung darauf hinweisen, dass Sie Pflegezeit in Anspruch nehmen wollen.

Wann endet die Pflegezeit?

Die Pflegezeit endet mit Ablauf des von Ihnen beantragten Zeitraums.

Abweichend davon endet die Pflegezeit vier Wochen, nachdem Ihr naher Angehöriger

- nicht mehr pflegebedürftig ist oder
- nicht mehr zu Hause gepflegt wird (gilt nicht bei einer Freistellung zur Betreuung eines minderjährigen nahen Angehörigen mit Pflegegrad) oder
- verstorben ist.

In diesen Fällen müssen Sie Ihren Arbeitgeber unverzüglich informieren.

Besteht auch dann Anspruch auf Pflegezeit, wenn ein ambulanter Pflegedienst kommt?

Für Ihren Anspruch auf Pflegezeit spielt es keine Rolle, ob z. B.

- ein ambulanter Pflegedienst die Pflege in der häuslichen Umgebung ganz oder teilweise übernimmt,
- eine Haushalts-/Pflegehilfe aus dem Ausland 24 Stunden am Tag bei Ihrem nahen Angehörigen lebt oder
- Ihr naher Angehöriger regelmäßig eine Tagespflegeeinrichtung besucht.

Darf die Pflegezeit unterbrochen werden?

Es kann vorkommen, dass der nahe Angehörige während der Pflegezeit für mehrere Wochen im Krankenhaus und/oder einer Rehabilitationseinrichtung behandelt werden muss. Dann liegt der Gedanke nahe, in dieser Zeit die Pflegezeit zu unterbrechen und wieder arbeiten zu gehen. Leider sieht das PflegeZG eine solche Möglichkeit nicht vor. Die Pflegezeit darf nicht unterbrochen werden.

Darf die Pflegezeit verlängert werden?

Sofern Sie die Pflegezeit nicht für sechs Monate beantragt haben, sondern für einen kürzeren Zeitraum, können Sie die Pflegezeit verlängern, wenn Ihr Arbeitgeber zustimmt. Wenn Sie die Pflegezeit deshalb verlängern wollen, weil ein vorgesehener Wechsel der Pflegeperson aus einem wichtigen Grund nicht erfolgen kann, können Sie die Verlängerung von Ihrem Arbeitgeber verlangen. Solche wichtigen Gründe können z. B. sein:

- Die Pflegeperson, die den nahen Angehörigen nach Ihnen versorgen sollte, ist selbst so schwer erkrankt, dass sie die Pflege nicht übernehmen kann.
- Die Pflegeperson ist umgezogen und kann die Pflege darum nicht wie ursprünglich geplant nach Ihnen übernehmen.

Darf die Pflegezeit vorzeitig beendet werden?

Bei unveränderter Pflegesituation können Sie die Pflegezeit nur dann vor Ablauf der von Ihnen beantragten Zeit beenden, wenn Ihr Arbeitgeber zustimmt.

Darf die Pflegezeit mehrfach in Anspruch genommen werden?

Die Pflegezeit können Beschäftigte für denselben Angehörigen nur einmal beanspruchen. Will der Beschäftigte später einen anderen pflegebedürftigen nahen Angehörigen in häuslicher Umgebung versorgen, kann er für diesen Angehörigen wieder Pflegezeit in Anspruch nehmen.

Darf die Pflegezeit geteilt werden?

Bei der Pflegezeit haben Sie nur einmal die Möglichkeit, gegenüber Ihrem Arbeitgeber zu erklären, dass Sie diese in Anspruch nehmen wollen und für welchen Zeitraum. Das Teilen der sechs Monate Pflegezeit in jeweils kurz dauernde „Häppchen“ ist darum nicht möglich. So urteilte jedenfalls das Bundesarbeitsgericht in einem Fall, in dem der Beschäftigte dem Arbeitgeber mehrfach im Abstand von wenigen Monaten angekündigt hatte, jeweils einige Tage der sechs Monate Pflegezeit in Anspruch zu nehmen.

Darf der Arbeitgeber wegen der Pflegezeit den Urlaub kürzen?

Wenn Sie in der Pflegezeit Ihre Arbeitszeit auf null reduzieren, also überhaupt nicht arbeiten, kann Ihr Arbeitgeber Ihren Urlaub kürzen. Für jeden vollen Monat eines Kalenderjahres, in dem Sie nicht arbeiten, kann er Ihren Erholungsurlaub um ein Zwölftel kürzen. Das wäre z. B. bei fünf vollen Monaten Pflegezeit und einem Erholungsurlaub von 24 Tagen pro Kalenderjahr eine Kürzung um zehn Tage (24 Tage Erholungsurlaub / 12 x 5).

Besteht während der Pflegezeit Kündigungsschutz?

Ihr Arbeitgeber darf Ihnen ab dem Zeitpunkt, an dem Sie die Pflegezeit ankündigen, bis zum Ende der Pflegezeit nicht kündigen. Wenn Sie die Pflegezeit im Anschluss an die Familienpflegezeit in Anspruch nehmen (siehe unten), beginnt der Kündigungsschutz ebenfalls an dem Tag, an dem Sie die Pflegezeit ankündigen, jedoch frühestens zwölf Wochen vor Beginn der Pflegezeit.

Sollte Ihr Arbeitgeber aufgrund von besonderen Umständen dennoch Ihr Arbeitsverhältnis kündigen wollen, muss er dafür die Zustimmung der für den Arbeitsschutz zuständigen obersten Landesbehörde oder der von ihr bestimmten Stelle einholen.

Dürfen mehrere Beschäftigte die Pflegezeit für denselben nahen Angehörigen in Anspruch nehmen?

Anspruch auf Pflegezeit hat jeder Beschäftigte, sofern die übrigen Voraussetzungen erfüllt sind. Aus diesem Grund können auch mehrere Beschäftigte zeitgleich für denselben pflegebedürftigen nahen Angehörigen Pflegezeit in Anspruch nehmen oder nacheinander jeweils die sechs Monate Pflegezeit nutzen.

Haben Beamte Anspruch auf Pflegezeit?

Beamte können keine Pflegezeit nach dem PflegeZG in Anspruch nehmen. Sie können jedoch andere Freistellungsmöglichkeiten nutzen. Welche das sind und wie diese beantragt werden müssen, erfahren Beamte bei ihrem jeweiligen Dienstherrn.

Können Pflegezeit und Familienpflegezeit kombiniert werden?

Wie Sie im Abschnitt „Familienpflegezeit" lesen werden, gibt es für die Familienpflegezeit teilweise andere Anspruchsvoraussetzungen als für die Pflegezeit. Wenn Sie aber Anspruch auf Familienpflegezeit haben, können Sie die Pflegezeit und die Familienpflegezeit miteinander kombinieren. Dafür gilt: Immer eine Zeit nach der anderen. Also entweder, Sie nehmen die Pflegezeit nach der Familienpflegezeit oder Sie beginnen die Familienpflegezeit nach der Pflegezeit. Ein „Mix" aus Pflege- und Familienpflegezeit ist nicht möglich. Sie können also nicht erst einen Monat Pflegezeit in Anspruch nehmen, dann acht Monate Familienpflegezeit und dann wieder vier Monate Pflegezeit.

> ***Praxis-Tipp:***
>
> *Pflegezeit bzw. eine Freistellung zur Betreuung eines minderjährigen nahen Angehörigen mit Pflegegrad und Familienpflegezeit dürfen zusammen eine Dauer von 24 Monaten nicht übersteigen. Haben Sie z. B. bereits vor der geplanten Pflegezeit für 20 Monate Familienpflegezeit in Anspruch genommen, reduziert sich die Pflegezeit von sechs auf vier Monate.*

Wollen Sie die Pflegezeit nach der Familienpflegezeit in Anspruch nehmen, muss die Pflegezeit unmittelbar an die Familienpflegezeit anschließen, also ohne zeitliche Lücke. In diesem Fall müssen Sie Ihren Arbeitgeber spätestens acht Wochen, bevor die Pflegezeit beginnen soll, darüber informieren,

- dass Sie im Anschluss an die Familienpflegezeit Pflegezeit in Anspruch nehmen werden,
- von wann bis wann die Pflegezeit dauern soll und
- ob Sie sich in dieser Zeit vollständig von der Arbeit befreien lassen.

Wenn Sie sich während der Pflegezeit nicht vollständig von der Arbeit befreien lassen, sondern Ihre Arbeitszeit nur verkürzen wollen, müssen Sie mit Ihrem Arbeitgeber die geringere Arbeitszeit und die Verteilung der Arbeitszeit schriftlich vereinbaren. Ihr Arbeitgeber muss hierbei Ihre Wünsche akzeptieren, wenn keine dringenden betrieblichen Gründe dagegensprechen.

Freistellung zur Begleitung eines nahen Angehörigen in der letzten Lebensphase

Was ist die Freistellung zur Begleitung eines nahen Angehörigen in der letzten Lebensphase?

Anders als die Pflegezeit gibt es die Freistellung zur Begleitung eines nahen Angehörigen in der letzten Lebensphase erst seit dem Jahr 2015. Seitdem können sich Beschäftigte, die einem sterbenden Angehörigen in der letzten Phase seines Lebens beistehen wollen, für bis zu drei Monate von der Arbeit freistellen lassen. Beschäftigte können sich während dieser Freistellung komplett von der Arbeit freistellen lassen oder teilweise. Geregelt ist die Freistellung im Pflegezeitgesetz (PflegeZG).

Wer hat Anspruch auf diese Freistellung?

Anspruch auf diese Freistellung haben Beschäftigte, die einem sterbenden nahen Angehörigen beistehen wollen. Voraussetzung ist, dass sie bei einem Arbeitgeber arbeiten, der mindestens 16 Beschäftigte hat. Um die Zahl der Beschäftigten zu ermitteln, werden die „Köpfe" gezählt. Eine Umrechnung auf Vollzeitkräfte wird nicht vorgenommen.

> ***Praxis-Tipp:***
>
> *Anders als bei der Pflegezeit muss der nahe Angehörige nicht pflegebedürftig im Sinne der sozialen Pflegeversicherung sein. In den meisten Fällen ist es jedoch sinnvoll, trotzdem Leistungen der Pflegeversicherung zu beantragen. Zudem muss die Begleitung des sterbenden nahen Angehörigen nicht in häuslicher Umgebung erfolgen. Die Freistellung ist z. B. auch möglich, wenn der nahe Angehörige stationär im Krankenhaus behandelt wird oder in ein Hospiz aufgenommen wurde.*

Beschäftigte in Unternehmen mit 15 oder weniger Mitarbeitern haben keinen gesetzlichen Anspruch auf die Freistellung zur Begleitung sterbender naher Angehöriger. Es gibt jedoch Arbeitgeber, die ihre Beschäftigten auf freiwilliger Basis von der Arbeit freistellen, damit sie sich um einen sterbenden Angehörigen kümmern können. Fragen Sie einfach bei Ihrem Arbeitgeber nach.

Wie wird die Freistellung zur Begleitung eines nahen Angehörigen in der letzten Lebensphase beim Arbeitgeber angemeldet?

Spätestens zehn Arbeitstage, bevor die Freistellung beginnen soll, müssen Sie Ihren Arbeitgeber schriftlich informieren über

- den Beginn und das voraussichtliche Ende der Freistellung und
- den Umfang der Freistellung von der Arbeitsleistung (vollständige Freistellung oder Arbeitszeitverkürzung).

Wenn Sie sich nicht vollständig von der Arbeit befreien lassen, sondern Ihre Arbeitszeit nur verkürzen wollen, müssen Sie mit Ihrer oben genannten schriftlichen Ankündigung dem Arbeitgeber auch mitteilen, wie Sie die verbleibende Arbeitszeit verteilen wollen. Die geringere Arbeitszeit und die Verteilung der Arbeitszeit werden mit Ihrem Arbeitgeber schriftlich vereinbart. Ihr Arbeitgeber muss hierbei Ihre Wünsche akzeptieren, wenn keine dringenden betrieblichen Gründe dagegensprechen.

Zusätzlich müssen Sie Ihrem Arbeitgeber nachweisen, dass Ihr naher Angehöriger sich in der letzten Lebensphase befindet. Hier genügt in der Regel ein ärztliches Attest, das bescheinigt, dass dieser an einer schweren Erkrankung leidet,

- die bereits ein weit fortgeschrittenes Stadium erreicht hat,
- bei der eine Heilung ausgeschlossen ist,
- die eine palliativmedizinische Behandlung erfordert und
- die mit einer begrenzten Lebenserwartung von wenigen Wochen oder Monaten einhergeht.

> ***Praxis-Tipp:***
>
> *Wenn Sie Ihrem Arbeitgeber angekündigt haben, dass Sie die Freistellung zur Begleitung eines nahen Angehörigen in der letzten Lebensphase in Anspruch nehmen wollen, muss der Medizinische Dienst (MD) innerhalb von einer Woche prüfen, ob Ihr naher Angehöriger pflegebedürftig ist. (Das gilt natürlich nur, wenn dieser Leistungen der Pflegeversicherung beantragt hat.) Diese verkürzte Frist gilt auch für Medicproof. Das ist das Unternehmen, welches tätig wird, wenn Ihr naher Angehöriger privat kranken- und pflegeversichert ist.*

Voraussetzung für diese „Eilprüfung“ ist, dass Ihr naher Angehöriger ambulant – also zu Hause – oder stationär, z. B. im Hospiz, palliativmedizinisch behandelt wird. Wie Sie gelesen haben, ist das aber ohnehin eine der Voraussetzungen für die Freistellung zur Begleitung eines nahen Angehörigen in der letzten Lebensphase.
Im Ergebnis dieser „Eilprüfung“ erhält Ihr naher Angehöriger nur die Mitteilung, ob er pflegebedürftig ist und, falls ja, ob mindestens Pflegegrad 2 vorliegt. Lassen Sie sich von der Aussage mit Pflegegrad 2 nicht irritieren. Anspruch auf die Freistellung haben Sie sogar dann, wenn bei Ihrem nahen Angehörigen kein Pflegegrad oder „nur“ Pflegegrad 1 festgestellt wird. Pflegegrad 2 hat erst Bedeutung, wenn es um die soziale Sicherung geht (lesen Sie dazu auch den Abschnitt „Soziale Sicherung für Pflegepersonen“). Eine „richtige“ Begutachtung findet erst später statt.

Wichtig: Damit diese verkürzten Fristen gelten, sollte die Pflegekasse bereits mit dem Antrag auf Leistungen der Pflegeversicherung auf die palliative Versorgung hingewiesen werden. In diesem Fall kann der MD auf eine persönliche Begutachtung, die für Ihren nahen Angehörigen eine zusätzliche Belastung und zusätzliche Schmerzen bedeuten kann, verzichten. Der MD prüft dann „nach Aktenlage“. Das bedeutet, er sieht sich die vorgelegten Dokumente, wie z. B. Entlassungsberichte nach Krankenhausbehandlungen und ärztliche Befunde, an.

Wann endet die Freistellung?

Die Freistellung endet spätestens mit Ablauf des von Ihnen beantragten Zeitraums.

Abweichend davon endet die Freistellung vier Wochen, nachdem Ihr naher Angehöriger verstorben ist. In diesem Fall müssen Sie Ihren Arbeitgeber unverzüglich informieren.

Besteht auch dann Anspruch auf die Freistellung, wenn ein ambulanter Pflegedienst kommt?

Für Ihren Anspruch auf Freistellung zur Begleitung eines nahen Angehörigen in der letzten Lebensphase spielt es keine Rolle, ob z. B.

- ein ambulanter Pflegedienst die Pflege in der häuslichen Umgebung ganz oder teilweise übernimmt,
- eine Haushalts-/Pflegehilfe aus dem Ausland 24 Stunden am Tag bei Ihrem nahen Angehörigen lebt oder
- Ihr naher Angehöriger stationär behandelt wird, z. B. im Krankenhaus oder Hospiz.

Darf die Freistellung unterbrochen werden?

Die Freistellung dauert maximal drei Monate. Sie darf nicht unterbrochen werden. Das heißt: Beenden Sie die Freistellung mit Einverständnis Ihres Arbeitgebers vor dem ursprünglich angekündigten Zeitpunkt, entfällt der Restanspruch.

Darf die Freistellung verlängert werden?

Sofern Sie die Freistellung zunächst für einen kürzeren Zeitraum als drei Monate angekündigt haben, können Sie die Freistellung verlängern, wenn Ihr Arbeitgeber zustimmt. Ist die Verlängerung der Freistellung notwendig, weil die Pflegeperson, welche die Begleitung nach Ihnen übernehmen sollte, aus einem wichtigen Grund ausfällt, können Sie die Verlängerung von Ihrem Arbeitgeber verlangen.

Darf die Freistellung vorzeitig beendet werden?

Einen nahen Angehörigen in seiner letzten Lebensphase zu begleiten, ist eine große psychische Herausforderung. Diese wird manchmal unterschätzt. Dann kann der Wunsch entstehen, die Freistellung vorzeitig zu beenden. Das ist grundsätzlich möglich. Der Arbeitgeber muss jedoch damit einverstanden sein.

Darf die Freistellung mehrfach in Anspruch genommen werden?

Die Freistellung können Beschäftigte für denselben Angehörigen nur einmal beanspruchen. Soll jedoch später ein anderer sterbender naher Angehöriger begleitet werden, kann die Freistellung auch für diesen Angehörigen in Anspruch genommen werden.

Darf die Freistellung geteilt werden?

Das Teilen der drei Monate Freistellung in jeweils kurz dauernde „Häppchen" ist nicht möglich.

Darf der Arbeitgeber wegen der Freistellung den Urlaub kürzen?

Wenn Sie in der Freistellung Ihre Arbeitszeit auf null reduzieren, also überhaupt nicht arbeiten, kann Ihr Arbeitgeber Ihren Urlaub kürzen. Für jeden vollen Monat eines Kalenderjahres, in dem Sie nicht arbeiten, kann er Ihren Erholungsurlaub um ein Zwölftel kürzen. Das wäre z. B. bei drei vollen Monaten Freistellung und einem Erholungsurlaub von 24 Tagen pro Kalenderjahr eine Kürzung um sechs Tage (24 Tage Erholungsurlaub / 12 x 3).

Besteht während der Freistellung Kündigungsschutz?

Ebenso wie bei der Pflegezeit darf Ihr Arbeitgeber Ihnen ab dem Zeitpunkt, an dem Sie die Freistellung ankündigen, bis zum Ende der Freistellung nicht kündigen.

Sollte Ihr Arbeitgeber aufgrund von besonderen Umständen dennoch Ihr Arbeitsverhältnis kündigen wollen, muss er dafür die Zustimmung der für den Arbeitsschutz zuständigen obersten Landesbehörde oder der von ihr bestimmten Stelle einholen.

Dürfen mehrere Beschäftigte die Freistellung für denselben nahen Angehörigen in Anspruch nehmen?

Anspruch auf die Freistellung zur Begleitung eines nahen Angehörigen in der letzten Lebensphase hat jeder Beschäftigte, sofern die übrigen Voraussetzungen erfüllt sind. Aus diesem Grund können auch mehrere Beschäftigte zeitgleich für denselben nahen Angehörigen die Freistellung in Anspruch nehmen oder diese nacheinander jeweils für die drei Monate nutzen.

Haben Beamte Anspruch auf die Freistellung?

Beamte haben keinen Anspruch auf eine Freistellung nach dem PflegeZG. Sie können jedoch andere Freistellungsmöglichkeiten nutzen.

Welche das sind und wie diese beantragt werden müssen, erfahren Beamte bei ihrem jeweiligen Dienstherrn.

Können Freistellung und Familienpflegezeit kombiniert werden?

Wie Sie im Abschnitt „Familienpflegezeit" lesen werden, gelten für die Familienpflegezeit teilweise andere Anspruchsvoraussetzungen als für die Freistellung zur Begleitung eines nahen Angehörigen in der letzten Lebensphase. Wenn Sie aber Anspruch auf Familienpflegezeit haben, können Sie die Freistellung und die Familienpflegezeit miteinander kombinieren. Dafür gilt: Immer eine Zeit nach der anderen. In der Regel folgt dabei die Freistellung zur Begleitung eines nahen Angehörigen in der letzten Lebensphase der Familienpflegezeit. Anders als bei der Kombination Pflegezeit im Anschluss an die Familienpflegezeit, muss sich die Freistellung jedoch nicht unmittelbar an die Familienpflegezeit anschließen. Sie kann auch zu einem späteren Zeitpunkt in Anspruch genommen werden.

Wie bei der Kombination von Pflegezeit mit Familienpflegezeit gilt auch hier: Für denselben nahen Angehörigen darf der insgesamt vorgesehene maximale Zeitrahmen von 24 Monaten nicht überschritten werden.

Familienpflegezeit

Was ist die Familienpflegezeit?

Für die Pflege eines pflegebedürftigen nahen Angehörigen können Beschäftigte für längstens 24 Monate ihre Arbeitszeit reduzieren. Haben sie zuvor bereits für denselben nahen Angehörigen eine der folgenden Freistellungen nach dem Pflegezeitgesetz in Anspruch genommen, verkürzt sich die Anspruchsdauer der Familienpflegezeit entsprechend:

- Pflegezeit
- Freistellung zur Betreuung eines minderjährigen pflegebedürftigen nahen Angehörigen
- Freistellung zur Begleitung eines nahen Angehörigen in der letzten Lebensphase

Beispiel: So verkürzt sich die Familienpflegezeit

Der Beschäftigte hat vier Monate Pflegezeit in Anspruch genommen und möchte im Anschluss für denselben nahen Angehörigen Familienpflegezeit nehmen. Da die vier Monate Pflegezeit auf die maximal mögliche Anspruchsdauer der Familienpflegezeit angerechnet werden, kann er für längstens 20 Monate Familienpflegezeit nehmen.
Eine vollständige Freistellung von der Arbeit ist während der Familienpflegezeit nicht möglich. Die wöchentliche Arbeitszeit muss mindestens 15 Stunden betragen. Wenn Ihre wöchentlichen Arbeitszeiten schwanken oder Sie die verkürzte Arbeitszeit z. B. nur auf drei Tage in der Woche legen, muss die wöchentliche Arbeitszeit im Durchschnitt eines Zeitraums von bis zu einem Jahr mindestens 15 Stunden betragen.

Wer hat Anspruch auf Familienpflegezeit?

Anspruch auf Familienpflegezeit haben Beschäftigte, wenn sie einen pflegebedürftigen nahen Angehörigen in häuslicher Umgebung pflegen. Voraussetzung ist, dass sie bei einem Arbeitgeber arbeiten, der mindestens 26 Beschäftigte hat.

Um die Zahl der Beschäftigten zu ermitteln, werden die „Köpfe" gezählt. Eine Umrechnung auf Vollzeitkräfte wird nicht vorgenommen. Anders als im Pflegezeitgesetz bleiben hier jedoch Auszubildende unberücksichtigt. Der Arbeitgeber muss also 26 Beschäftigte plus ggf. Auszubildende haben.

Praxis-Tipp:

Beschäftigte bei Arbeitgebern mit weniger als 26 Beschäftigten haben keinen gesetzlichen Anspruch auf Familienpflegezeit. Sie können bei ihrem Arbeitgeber aber trotzdem Familienpflegezeit beantragen. Der Arbeitgeber muss über diesen Antrag innerhalb von vier Wochen entscheiden und seine Entscheidung dem Beschäftigten schriftlich mitteilen. Gewährt er die beantragte Familienpflegezeit nicht oder nur teilweise muss er dem Beschäftigten mit der Entscheidung die Gründe hierfür mitteilen.

Ist der pflegebedürftige nahe Angehörige minderjährig, besteht nach dem Familienpflegezeitgesetz ein Anspruch auf Freistellung auch dann, wenn er nicht in häuslicher Umgebung betreut wird. Diese Freistellung kann auch dazu genutzt werden, um z. B. das pflegebedürftige Kind in längeren stationären Behandlungsphasen im Krankenhaus oder der Rehabilitationseinrichtung zu betreuen.

Wie wird die Familienpflegezeit beim Arbeitgeber angemeldet?

Informieren Sie Ihren Arbeitgeber spätestens acht Wochen vor dem gewünschten Beginn schriftlich, dass Sie Familienpflegezeit in Anspruch nehmen wollen. In der Ankündigung muss enthalten sein,

- wann die Familienpflegezeit beginnen und wann sie voraussichtlich enden soll,
- in welchem Umfang Sie Ihre Arbeitszeit reduzieren wollen und
- wie Sie die Arbeitszeit verteilen wollen.

Die Pflegebedürftigkeit des nahen Angehörigen ist Ihrem Arbeitgeber durch Vorlage einer Bescheinigung der Pflegekasse oder des Medizinischen Dienstes nachzuweisen.

6

> ***Praxis-Tipp:***
>
> *Wenn Sie vor der Familienpflegezeit bereits Pflegezeit in Anspruch nehmen, müssen Sie Ihren Arbeitgeber innerhalb von drei Monaten nach Beginn der Pflegezeit schriftlich informieren, dass Sie im Anschluss an die Pflegezeit Familienpflegezeit in Anspruch nehmen wollen. Diese schriftliche Information muss die oben genannten Inhalte haben. Ist die Pflegezeit kürzer als fünf Monate, bleibt es dabei, dass Sie Ihren Arbeitgeber spätestens acht Wochen vor Beginn der Familienpflegezeit informieren müssen.*

Mit Ihrem Arbeitgeber müssen Sie die Verringerung und die Verteilung Ihrer Arbeitszeit schriftlich vereinbaren. Wie auch bei der Pflegezeit muss der Arbeitgeber hier Ihre Wünsche akzeptieren, wenn keine dringenden betrieblichen Gründe dagegensprechen.

Kann der Arbeitgeber aus Ihrer schriftlichen Information nicht herauslesen, ob Sie Pflegezeit oder Familienpflegezeit wünschen, wird er Ihr Schreiben als Ankündigung einer Pflegezeit werten. Das allerdings nur, wenn Sie davor noch keine Pflegezeit in Anspruch genommen haben.

Zusätzlich müssen Sie Ihrem Arbeitgeber nachweisen, dass Ihr naher Angehöriger pflegebedürftig im Sinne der sozialen Pflegeversicherung ist. Dieser Nachweis kann der Bescheid der Pflegekasse über den Pflegegrad oder ein Schreiben des Medizinischen Dienstes (MD) sein, mit welcher die Pflegebedürftigkeit Ihres nahen Angehörigen bescheinigt wird.

Wenn Sie mit Ihrem Arbeitgeber Familienpflegezeit vereinbart haben oder vereinbaren wollen, gelten für den Medizinischen Dienst verkürzte Fristen für die Prüfung, ob Ihr naher Angehöriger pflegebedürftig ist. Diese verkürzten Fristen gelten auch für Medicproof. Das ist das Unternehmen, welches tätig wird, wenn Ihr naher Angehöriger privat kranken- und pflegeversichert ist.

Es gelten dann diese Fristen:

- eine Woche, wenn Ihr naher Angehöriger stationär im Krankenhaus oder einer Rehabilitationseinrichtung behandelt wird und Sie direkt nach der Entlassung aus dem Krankenhaus bzw. der Rehabilitationseinrichtung die häusliche Pflege übernehmen müssen
- zwei Wochen, wenn Ihr naher Angehöriger bereits in häuslicher Umgebung versorgt wird und Sie die Pflege übernehmen wollen

Im Ergebnis dieser „Eilprüfung“ erhält Ihr naher Angehöriger nur die Mitteilung, ob er pflegebedürftig ist und, falls ja, ob mindestens Pflegegrad 2 vorliegt. Lassen Sie sich von der Aussage mit Pflegegrad 2 nicht irritieren. Anspruch auf Familienpflegezeit haben Sie bereits, wenn bei Ihrem nahen Angehörigen Pflegegrad 1 festgestellt wird. Pflegegrad 2 hat erst Bedeutung, wenn es um die soziale Sicherung geht (lesen Sie dazu auch den Abschnitt „Soziale Sicherung für Pflegepersonen“). Eine „richtige“ Begutachtung findet erst statt, wenn Ihr naher Angehöriger wieder zu Hause ist.

Wichtig: Damit diese verkürzten Fristen gelten, sollte Ihr naher Angehöriger nach Möglichkeit bereits in seinem Antrag auf Leistungen der Pflegeversicherung darauf hinweisen, dass Sie mit Ihrem Arbeitgeber Familienpflegezeit vereinbart haben bzw. vereinbaren wollen.

Wann endet die Familienpflegezeit?

Die Familienpflegezeit endet mit Ablauf des von Ihnen beantragten Zeitraums.

Abweichend davon endet die Familienpflegezeit vier Wochen, nachdem Ihr naher Angehöriger

- nicht mehr pflegebedürftig ist oder
- nicht mehr zu Hause gepflegt wird (gilt nicht bei einer Freistellung zur Betreuung eines minderjährigen nahen Angehörigen mit Pflegegrad) oder
- verstorben ist.

In diesen Fällen müssen Sie Ihren Arbeitgeber unverzüglich informieren.

Besteht auch dann Anspruch auf Familienpflegezeit, wenn ein ambulanter Pflegedienst kommt?

Für Ihren Anspruch auf Familienpflegezeit spielt es keine Rolle, ob z. B.

- ein ambulanter Pflegedienst die Pflege in der häuslichen Umgebung ganz oder teilweise übernimmt,
- eine Haushalts-/Pflegehilfe aus dem Ausland 24 Stunden am Tag bei Ihrem nahen Angehörigen lebt oder
- Ihr naher Angehöriger regelmäßig eine Tagespflegeeinrichtung besucht.

Im Gegenteil, die Unterstützung durch andere Pflegepersonen oder durch Pflegeeinrichtungen wie die oben genannten wird wahrscheinlich notwendig sein. Denken Sie daran: Während der Familienpflegezeit müssen Sie mindestens 15 Stunden pro Woche arbeiten.

Darf die Familienpflegezeit unterbrochen werden?

Es kann vorkommen, dass der nahe Angehöriger während der Pflegezeit für mehrere Wochen im Krankenhaus und/oder einer Rehabilitationseinrichtung behandelt werden muss. Dann liegt der Gedanke nahe, in dieser Zeit die Familienpflegezeit zu unterbrechen und wieder arbeiten zu gehen. Ebenso wie das Pflegezeitgesetz sieht auch das Familienpflegezeitgesetz leider eine solche Möglichkeit nicht vor. Die Familienpflegezeit darf nicht unterbrochen werden.

Darf die Familienpflegezeit verlängert werden?

Sofern Sie die Familienpflegezeit nicht für 24 Monate beantragt haben, sondern für einen kürzeren Zeitraum, können Sie die Familienpflegezeit verlängern, wenn Ihr Arbeitgeber zustimmt. Voraussetzung ist zudem, dass Sie mit der gewünschten Verlängerung nicht den für Pflegezeit und Familienpflegezeit insgesamt verfügbaren Zeitrahmen von 24 Monaten überschreiten.

Sie können die Verlängerung bis zur Gesamtdauer von 24 Monaten (einschließlich bereits in Anspruch genommener Pflegezeit) sogar von Ihrem Arbeitgeber verlangen, wenn ein vorgesehener Wechsel der Pflegeperson aus einem wichtigen Grund nicht erfolgen kann. So könnte es z. B. sein, dass Sie die Pflege für die ersten zwölf Monate sicherstellen sollten und Ihr Bruder danach die Pflege übernehmen sollte. Ist Ihr Bruder dazu nicht in der Lage, weil er vielleicht inzwischen umgezogen ist oder weil er selbst erkrankt ist, können Sie die Verlängerung der Familienpflegezeit verlangen.

Darf die Familienpflegezeit vorzeitig beendet werden?

Bei unveränderter Pflegesituation können Sie die Familienpflegezeit nur dann vorzeitig beenden, wenn Ihr Arbeitgeber zustimmt.

Darf die Familienpflegezeit mehrfach in Anspruch genommen werden?

Beschäftigte können die Familienpflegezeit für denselben Angehörigen nur einmal beanspruchen. Will der Beschäftigte später einen anderen pflegebedürftigen nahen Angehörigen in häuslicher Umgebung versorgen, kann er für diesen Angehörigen wieder Pflegezeit in Anspruch nehmen.

Darf die Familienpflegezeit geteilt werden?

Bei der Familienpflegezeit können Sie nur einmal entscheiden wann, wie lange und mit welcher Arbeitszeitreduzierung Sie sie in Anspruch nehmen. Das Teilen der 24 Monate Familienpflegezeit in mehrere Zeitabschnitte ist nicht möglich.

Darf der Arbeitgeber wegen der Familienpflegezeit den Urlaub kürzen?

Während der Familienpflegezeit arbeiten Sie mindestens 15 Stunden pro Woche, also in Teilzeit.

Dafür haben Sie ebenso Urlaubsansprüche wie ein Vollzeitbeschäftigter. Allerdings kann Ihr Arbeitgeber die Zahl der Urlaubstage an die Zahl Ihrer Arbeitstage anpassen, an denen Sie während der Familienpflegezeit arbeiten. Sie können Ihren Urlaubsanspruch mit dieser Faustregel berechnen:

Urlaubstage bei Vollzeit in Tagen pro Jahr/Anzahl der Arbeitstage pro Woche x Arbeitstage pro Woche bei Teilzeit = Ihr Urlaubsanspruch 6

Beispiel:

Sie haben bisher in Vollzeit gearbeitet, regelmäßig fünf Tage pro Woche. Ihr Urlaubsanspruch betrug 30 Tage. In der Familienpflegezeit arbeiten Sie nur noch an zwei Tagen pro Woche. Ihr angepasster Urlaubsanspruch beträgt zwölf Tage (30 Urlaubstage/5 Arbeitstage x 2 Arbeitstage).

Besteht während der Familienpflegezeit Kündigungsschutz?

Ihr Arbeitgeber darf Ihnen ab dem Zeitpunkt, an dem Sie die Familienpflegezeit ankündigen, bis zum Ende der Familienpflegezeit nicht kündigen. Wenn Sie die Familienpflegezeit im Anschluss an die Pflegezeit in Anspruch nehmen (siehe unten) beginnt der Kündigungsschutz ebenfalls an dem Tag, an dem Sie die Familienpflegezeit ankündigen, jedoch frühestens zwölf Wochen vor Beginn der Familienpflegezeit.

Sollte Ihr Arbeitgeber aufgrund von besonderen Umständen dennoch Ihr Arbeitsverhältnis kündigen wollen, muss er dafür die Zustimmung der für den Arbeitsschutz zuständigen obersten Landesbehörde oder der von ihr bestimmten Stelle einholen.

Dürfen mehrere Beschäftigte die Familienpflegezeit für denselben nahen Angehörigen in Anspruch nehmen?

Anspruch auf Familienpflegezeit hat jeder Beschäftigte, sofern die übrigen Voraussetzungen erfüllt sind. Aus diesem Grund können auch mehrere Beschäftigte zeitgleich für denselben pflegebedürftigen nahen Angehörigen Familienpflegezeit in Anspruch nehmen oder nacheinander jeweils bis zu 24 Monate Familienpflegezeit nutzen.

Haben Beamte Anspruch auf Familienpflegezeit?

Beamte können keine Familienpflegezeit nach dem Familienpflegezeitgesetz in Anspruch nehmen. Sie können jedoch andere Freistellungsmöglichkeiten nutzen. Welche das sind und wie diese beantragt werden müssen, erfahren Beamte bei ihrem jeweiligen Dienstherrn.

Können Familienpflegezeit und Pflegezeit kombiniert werden?

Wie Sie im Abschnitt „Pflegezeit" lesen konnten, gibt es für die Pflegezeit teilweise andere Anspruchsvoraussetzungen als für die Familienpflegezeit. Wenn Sie aber Anspruch auf Pflegezeit haben, können Sie diese mit der Familienpflegezeit kombinieren. Dafür gilt: Immer eine Zeit nach der anderen. Also entweder, Sie nehmen die Pflegezeit nach der Familienpflegezeit oder Sie beginnen die Familienpflegezeit nach der Pflegezeit. Das gilt auch, wenn Sie eine Freistellung zur Betreuung eines minderjährigen nahen Angehörigen mit Pflegegrad mit der Familienpflegezeit kombinieren wollen. Ein „Mix" aus Pflege- und Familienpflegezeit ist nicht möglich. Sie können also nicht erst einen Monat Pflegezeit in Anspruch nehmen, dann acht Monate Familienpflegezeit und dann wieder vier Monate Pflegezeit.

> ***Praxis-Tipp:***
>
> *Pflegezeit bzw. eine Freistellung zur Betreuung eines minderjährigen nahen Angehörigen mit Pflegegrad und Familienpflegezeit dürfen zusammen eine Dauer von 24 Monaten nicht übersteigen. Haben Sie z. B. bereits vor der geplanten Pflegezeit für 20 Monate Familienpflegezeit in Anspruch genommen, reduziert sich die Pflegezeit von sechs auf vier Monate.*

Nur bei der Kombination einer Freistellung zur Begleitung eines nahen Angehörigen in der letzten Lebensphase nach dem Pflegezeitgesetz mit der Familienpflegezeit muss eine Besonderheit berücksichtigt werden. Für die Freistellung nach dem Pflegezeitgesetz muss der nahe Angehörige nicht pflegebedürftig sein. In diesem Fall kann dieser Freistellung keine Familienpflegezeit folgen, da hier der nahe Angehörige pflegebedürftig sein muss. In der Praxis wird diese Kombination jedoch selten in der Reihenfolge auftreten, dass zuerst die oben genannte Freistellung in Anspruch genommen wird und erst danach die Familienpflegezeit. In der Regel wird zuerst die Familienpflegezeit und erst danach die oben genannte Freistellung in Anspruch genommen werden und dann hat der nahe Angehörige bereits einen Pflegegrad. Wollen Sie die Familienpflegezeit nach der Pflegezeit in Anspruch nehmen, muss die Familienpflegezeit unmittelbar an die Familienpflegezeit anschließen, also ohne zeitliche Lücke.

Finanzielle Absicherung während der Pflegezeit und Familienpflegezeit

Kranken- und Pflegeversicherung

Die vollständige Arbeitsbefreiung während der Pflegezeit kann für Ihren Versicherungsschutz in der Kranken- und Pflegeversicherung weitreichende Folgen haben. Doch auch die teilweise Freistellung, die während der Pflegezeit möglich und während der Familienpflegezeit Pflicht ist, bleiben manchmal nicht ohne Folgen für Ihren Versicherungsschutz.

Sehen wir uns zunächst an, was mit Ihrem Versicherungsschutz passiert, wenn Sie während der Pflegezeit nicht arbeiten.

Das passiert, wenn Sie gesetzlich kranken- und pflegeversichert sind

Die vollständige Freistellung von der Arbeit beendet Ihre Versicherungspflicht, wenn Sie davor in der gesetzlichen Kranken- und Pflegeversicherung pflichtversichert waren.

Waren Sie davor freiwilliges Mitglied in der gesetzlichen Kranken- und Pflegeversicherung, ändert sich durch die vollständige Freistellung von der Arbeit auch dieser Status.

Hilfreich ist in beiden Fällen, wenn Sie unter die kostenfreie „Decke" der Familienversicherung schlüpfen können. Das können die meisten Beschäftigten, die sich in der Pflegezeit vollständig von der Arbeit freistellen lassen. Es reicht dafür aus, dass z. B. Ihr Ehepartner in der gesetzlichen Kranken- und Pflegeversicherung versichert ist. Ob es sich dabei um eine Pflichtmitgliedschaft handelt oder um eine freiwillige Versicherung, spielt dabei keine Rolle.

Wundern Sie sich nicht, wenn Sie deshalb keine neue Krankenversicherungskarte zugesandt bekommen. In der Regel führt die Krankenkasse Ihre bisherige Versicherung einfach beitragsfrei weiter, obwohl Sie familienversichert sind. Damit soll zusätzlicher Verwaltungsaufwand vermieden werden.

Etwas schwieriger wird es erst, wenn Sie nicht in einer Familienversicherung weiterversichert werden können, z. B. weil

- Sie unverheiratet sind oder
- Ihr Ehegatte privat krankversichert ist.

Dann können Sie sich freiwillig bei Ihrer gesetzlichen Kranken- und Pflegekasse weiter versichern. Das geht jedoch nicht beitragsfrei.

> ***Praxis-Tipp:***
>
> *Informieren Sie sich bei Ihrer Krankenkasse, wie hoch der Beitrag ist, den Sie für Ihre freiwillige Versicherung pro Monat zahlen müssen. Bestehen Sie auf dem ermäßigten Beitragssatz, also den Beitragssatz, der ohne die Leistung „Krankengeld" zu zahlen ist.*

Wenn Sie in der Pflegezeit Beiträge zur gesetzlichen Kranken- und Pflegeversicherung zahlen müssen, unterstützt die Pflegekasse Sie mit einem Zuschuss. Diesen Zuschuss müssen Sie beantragen, und zwar bei der Pflegekasse des nahen Angehörigen, für dessen Pflege Sie die Pflegezeit in Anspruch nehmen. Der Zuschuss ist auf die Höhe des Mindestbeitrages der gesetzlichen Krankenversicherung plus des Beitrags zur gesetzlichen Pflegeversicherung begrenzt. Sollten Sie kinderlos sein und deshalb den Zuschlag für Kinderlose zur gesetzlichen Pflegeversicherung zahlen müssen, bezuschusst die Pflegekasse auch diesen Zuschlag.

Sollten Sie in derselben Pflegezeit mehrere pflegebedürftige nahe Angehörige versorgen, können Sie den Zuschuss nur einmal beantragen. In diesem Fall entscheiden Sie, bei welcher Pflegekasse Ihrer nahen Angehörigen Sie den Antrag stellen.

Damit Sie eine ungefähre Vorstellung davon haben, mit welchen Kosten Sie rechnen müssen, hier ein Beispiel:

Beispiel:

Ihr monatliches Einkommen = 0,00 €
Sie müssen keinen Zuschlag zur Pflegeversicherung wegen Kinderlosigkeit zahlen.
KV-Beitrag, ermäßigt = 14 %
Zusatzbeitrag Ihrer Krankenkasse = 1,8 %
PV-Beitrag = 3,4 %
Da Sie kein Einkommen haben, wird die Mindestbeitragsbemessungsgrenze zugrunde gelegt. Das sind im Jahr 2023 1.131,67 €.
Sie zahlen pro Monat insgesamt 217,28 € (158,43 € KV + 20,37 € Zusatzbeitrag + 38,48 € PV).
Die Pflegekasse zahlt Ihnen einen Zuschuss in Höhe von 215,02 €. Die Differenz in Höhe von 2,26 € ergibt sich, weil für den Zuschuss der Pflegekasse nicht der von Ihrer Krankenkasse berechnete Zusatzbeitrag herangezogen wird, sondern der durchschnittliche Zusatzbeitrag, der jährlich vom Bundesministerium für Gesundheit bekanntgegeben wird. Dieser beträgt im Jahr 2023 1,6 Prozent.

Ob es sich für Sie lohnt, alternativ dazu für kurze Zeit eine private Krankenversicherung abzuschließen, zu der dann auch eine private Pflegepflichtversicherung gehört, müssen Sie genau prüfen. Nach meiner Erfahrung lohnt sich das nur in Ausnahmefällen, z. B. wenn der Ehegatte bereits privat versichert ist und die Versicherung für mitversicherte Familienangehörige besonders günstige Konditionen anbietet oder Sie aufgrund Ihres Alters und Ihrer Fitness ein besonders günstiges Angebot erhalten. Sobald Sie nach der Pflegezeit wieder versicherungspflichtig werden, haben Sie gegenüber der privaten Krankenversicherung ein Sonderkündigungsrecht. Waren Sie vor der Pflegezeit aber freiwillig in der gesetzlichen Krankenversicherung versichert und werden es danach wieder sein, ist Vorsicht geboten. Dann können Sie nicht mehr ohne Weiteres in die gesetzliche Krankenversicherung zurückkehren.

Unabhängig davon unterstützt Sie die Pflegekasse Ihres nahen Angehörigen auch auf diesem Weg mit einem Zuschuss. Diesen müssen Sie ebenfalls beantragen. Auch hier ist die Zuschusshöhe auf den Mindestbeitrag der gesetzlichen Krankenversicherung plus Beitrag der gesetzlichen Pflegeversicherung begrenzt. Berechnet die private Krankenversicherung Ihnen zusätzlich einen fiktiven Zuschlag, weil Sie kinderlos sind, wird dieser jedoch nicht bezuschusst. Liegt der Beitrag für die private Kranken- und Pflegeversicherung unter der oben genannten maximalen Zuschusshöhe, zahlt die Pflegekasse nur einen Zuschuss bis zur Höhe des Beitrags.

Das passiert, wenn Sie privat kranken- und pflegeversichert sind

Ihre private Kranken- und Pflegepflichtversicherung bleibt während der Pflegezeit bestehen. Wie oben bereits beschrieben, zahlt die Pflegekasse auch hier einen Zuschuss in Höhe des Mindestbeitrags in der gesetzlichen Kranken- und Pflegeversicherung.

Während der Familienpflegezeit oder bei teilweiser Arbeitszeitreduzierung in der Pflegezeit

Nun zur teilweisen Reduzierung Ihrer Arbeitszeit. In der Familienpflegezeit müssen Sie mindestens 15 Stunden pro Woche arbeiten, in der Pflegezeit können Sie auch eine geringere Stundenzahl arbeiten.

Für Ihre gesetzliche Kranken- und Pflegeversicherung ändert sich dadurch nichts. Sie bleiben weiter versichert, nur dass Ihre Beiträge aus dem geringeren Entgelt berechnet werden.

Waren Sie vor Beginn der Pflegezeit mit reduzierter Arbeitszeit oder der Familienpflegezeit hingegen privat krankenversichert, müssen Sie handeln, um Ihre private Krankenversicherung zu behalten. Dann kann es nämlich sein, dass Sie aufgrund des geringeren Einkommens versicherungspflichtig in der gesetzlichen Kranken- und Pflegeversicherung werden. Sie können sich von dieser Versicherungspflicht aber befreien lassen, damit Sie weiter privat krankenversichert bleiben können. Diese Befreiung müssen Sie beantragen. Der Antrag muss innerhalb von drei Monaten nach Eintritt der Versicherungspflicht gestellt werden. Er ist an die Krankenkasse zu richten, die Sie wählen könnten. Haben Sie bereits eine Krankenkasse gewählt, entscheidet diese über Ihren Antrag.

Gesetzliche Unfall-, Renten- und Arbeitslosenversicherung

Während der Familienpflegezeit zahlen Sie und Ihr Arbeitgeber weiter Beiträge zur gesetzlichen Renten- und Arbeitslosenversicherung, wenn auch auf der Grundlage Ihres reduzierten Einkommens. Darüber hinaus bleiben Sie während Ihrer Arbeitszeit und auf den direkten Hin- und Rückwegen unfallversichert. Das gilt auch in der Pflegezeit, wenn Sie sich nicht vollständig freistellen lassen, sondern nur Ihre Arbeitszeit reduzieren.

Wenn Sie als Pflegeperson während der Pflegezeit und der Familienpflegezeit einen oder mehrere nahe Angehörige mit jeweils mindestens Pflegegrad 2 in häuslicher Umgebung versorgen, sichert Sie die Pflegeversicherung zusätzlich sozial ab, wenn die dafür erforderlichen Voraussetzungen erfüllt sind. Lesen Sie dazu auch den Abschnitt „Soziale Sicherung für Pflegepersonen“.

Zinsloses Darlehen

Prüfen Sie Alternativen

Bevor Sie über ein zinsloses Darlehen nachdenken, um Ihren Einkommensverlust aufgrund der Pflegezeit oder Familienpflegezeit aufzufangen, habe ich eine große Bitte: Fragen Sie zuerst bei Ihrem Arbeitgeber nach, ob dieser Ihnen eine andere Möglichkeit anbieten kann, Ihren Einkommensverlust zu mindern.

Möglichkeiten wären z. B.:

- Der für Sie geltende Tarifvertrag sieht vor, dass Ihr Arbeitgeber Ihnen vorübergehend Ihr Entgelt weiterzahlt, wenn Sie aufgrund der Pflege eines nahen Angehörigen nicht arbeiten oder Ihre Arbeitszeit reduzieren.
- Ihr Arbeitgeber zahlt Ihnen Überstunden aus und/oder Urlaubsansprüche, die Sie aufgrund der Pflegezeit, Familienpflegezeit oder einer Freistellung zur Begleitung eines nahen Angehörigen in der letzten Lebensphase ohnehin nicht nutzen können.
- Sie vereinbaren mit Ihrem Arbeitgeber, dass Sie Ihre Arbeitszeit um 50 Prozent reduzieren, er Ihnen aber weiter 75 Prozent Ihres bisherigen Entgelts zahlt und Sie dafür später, wenn Sie Ihre Arbeitszeit wieder auf das Niveau erhöhen, das Sie vor einer der oben genannten Freistellungen hatten, weiter 75 Prozent Ihres Entgelts erhalten – so lange, bis der „Vorschuss" Ihres Arbeitgebers ausgeglichen ist.

Warum habe ich diese Bitte? Weil ein Darlehen – auch ein zinsloses – immer ein Darlehen ist, das Sie in der Regel zurückzahlen müssen.

Das zinslose Darlehen

Sie können ein zinsloses Darlehen beantragen, mit dem Sie während der Dauer der Familienpflegezeit oder der Pflegezeit die Hälfte der Differenz zu Ihrem bisherigen monatlichen Nettoentgelt ausgleichen. Das gilt auch für die Freistellung zur Begleitung eines nahen Angehörigen in der letzten Lebensphase sowie die Freistellung zur Betreuung eines minderjährigen nahen Angehörigen, der pflegebedürftig ist.

Ein geringeres Darlehen ist möglich. Der monatliche Darlehensbetrag muss jedoch mindestens 50 Euro betragen.

Wenn Sie während der Pflegezeit oder einer der genannten Freistellungen Ihre Arbeitszeit auf null reduzieren, wird bei der Berechnung des Darlehens eine Mindestarbeitszeit von 15 Stunden pro Woche zugrunde gelegt. Grob gesagt bedeutet das: Haben Sie in der Pflegezeit Ihre Arbeitszeit von 30 Stunden pro Woche auf null reduziert, können Sie nur mit einem Darlehen rechnen, das den Einkommensverlust für 7,5 Stunden pro Woche deckt, da zunächst von den 30 Stunden Reduzierung 15 abgezogen werden und danach für die Hälfte der verbleibenden Stunden das Darlehen berechnet wird.

Hinzu kommt, dass für das Darlehen das sogenannte pauschalierte Nettoentgelt herangezogen wird. Besonders dann, wenn Sie vor der Pflegezeit oder Familienpflegezeit sehr gut verdient haben, kann es passieren, dass das Darlehen weit weniger deckt als die Hälfte Ihrer tatsächlichen Einkommenseinbußen.

Praxis-Tipp:

Mit welchen pauschalierten Nettoentgelten das Darlehen berechnet wird, können Sie der Anlage 1 der „Verordnung über die pauschalierten Nettoentgelte für das Kurzarbeitergeld“ entnehmen. Die Werte werden jeweils im Dezember des Vorjahres für das kommende Jahr angepasst. Die aktuelle Verordnung können Sie auf den Internetseiten des Bundesagentur für Arbeit abrufen. Geben Sie dort in der Suchfunktion den Titel der Verordnung ein und wählen Sie aus den Suchergebnissen die aktuellste Verordnung aus.

So beantragen Sie das zinslose Darlehen

Das zinslose Darlehen beantragen Sie hier:

Bundesamt für Familie
und zivilgesellschaftliche Aufgaben
50964 Köln

Der Antrag wirkt vom Zeitpunkt des Vorliegens der Anspruchsvoraussetzungen. Bedingung ist, dass Ihr Antrag innerhalb von drei Monaten nach deren Vorliegen gestellt wird. Ansonsten wirkt Ihr Antrag vom Beginn des Monats, in welchem er gestellt wurde.

Diese Angaben muss Ihr Antrag enthalten:

- Name, Anschrift und Bankverbindung von Ihnen
- Name, Anschrift und Angehörigenstatus der von Ihnen gepflegten Person
- Bescheinigung über die Pflegebedürftigkeit dieser Person

- Dauer der Familienpflegezeit bzw. der Pflegezeit sowie Mitteilung, ob zuvor Familienpflegezeit oder Pflegezeit in Anspruch genommen wurde
- Höhe und Dauer von … bis … des beantragten Darlehens

Ihrem Antrag fügen Sie diese Unterlagen bei:

- Entgeltbescheinigungen mit Angabe der arbeitsvertraglich vereinbarten Wochenstunden der letzten zwölf Monate vor Beginn der Familienpflegezeit oder der Pflegezeit
- bei einer vollständigen Freistellung im Rahmen der Pflegezeit eine Bescheinigung Ihres Arbeitgebers über die Freistellung oder, bei einer teilweisen Freistellung im Rahmen der Pflegezeit, die dazu getroffene schriftliche Vereinbarung zwischen dem Arbeitgeber und Ihnen zur Arbeitszeitreduzierung und der Verteilung der Arbeitsstunden

So wird das Darlehen ausgezahlt

Die monatlichen Darlehensbeträge, im Gesetz Darlehensraten genannt, werden auf die von Ihnen im Antrag genannte Bankverbindung überwiesen. Die Zahlung erfolgt jeweils zu Beginn eines Kalendermonats. Sofern die für Sie festgestellte monatliche Darlehensrate nicht auf volle Euro lautet, wird der Auszahlungsbetrag gerundet. Endet die für Sie festgestellte monatliche Darlehensrate auf Beträge zwischen 0,01 Euro und 0,49 Euro, wird die Darlehensrate für die Auszahlung abgerundet. Endet die für Sie festgestellte monatliche Darlehensrate auf Beträge zwischen 0,50 Euro und 0,99 Euro, wird die Darlehensrate für die Auszahlung aufgerundet.

Beispiel: So wird die Darlehensrate für die Auszahlung gerundet.

Für Sie wurde eine Darlehensrate pro Monat in Höhe von 296,36 € festgestellt. Überwiesen werden am Monatsanfang jeweils 296 €.
Wurde hingegen eine Darlehensrate pro Monat in Höhe von 296,52 € festgestellt, werden am Monatsanfang jeweils 297 € überwiesen.

Die Rückzahlung des Darlehens

Wie jedes Darlehen ist auch dieses Darlehen zurückzuzahlen.

Die Bedingungen für die Rückzahlung werden Ihnen bereits mit dem Bewilligungsbescheid des Bundesamts für Familie und zivilgesellschaftliche Aufgaben mitgeteilt. Grundsätzlich beginnt die Rückzahlung in dem Monat, der auf das Ende der Förderung der Familienpflegezeit oder Pflegezeit folgt.

Die Rückzahlung ist innerhalb der folgenden 48 Monate vorzunehmen. Das heißt, Sie haben nach der Familienpflegezeit, für die Sie bis zu maximal 24 Monate das zinslose Darlehen in Anspruch genommen haben, weitere 48 Monate bzw. zwei Jahre ein geringeres Einkommen als vor Beginn der Pflegezeit bzw. Familienpflegezeit.

Rückzahlungsregeln für Härtefälle

Auf Antrag kann die Rückzahlungsrate durch das Bundesamt für Familie und zivilgesellschaftliche Aufgaben reduziert werden, wenn Sie nach dem Ende der Familienpflegezeit

- Ihren nahen Angehörigen weiter pflegen und
- zu diesem Zweck Ihre reduzierte Arbeitszeit fortführen.

Die Fälligkeit der Rückzahlung kann auf Antrag verschoben werden, wenn eine besondere Härte vorliegt, weil Sie z. B. Krankengeld bekommen oder Arbeitslosengeld I oder unverschuldet in ernsthaften Zahlungsschwierigkeiten sind. Sofern das Bundesamt für Familie und zivilgesellschaftliche Aufgaben die Fälligkeit der Rückzahlung verschiebt, entstehen Ihnen dadurch keine zusätzlichen Kosten.

Auf die Rückzahlung des Darlehens kann sogar komplett verzichtet werden, wenn

- Sie mehr als 180 Tage ununterbrochen arbeitsunfähig sind,
- Sie mindestens zwei Jahre ununterbrochen Hilfe zum Lebensunterhalt bzw. Leistungen zur Sicherung des Lebensunterhaltes bekommen oder
- Sie Darlehensnehmer sind und sterben.

Auch diese Härtefallregelungen müssen beim Bundesamt für Familie und zivilgesellschaftliche Aufgaben beantragt werden.

Soziale Sicherung für Pflegepersonen

Wichtige Begriffe vorab

Soziale Sicherung

In diesem Abschnitt geht es um die soziale Sicherung von Pflegepersonen. Mit sozialer Sicherung sind hier gemeint:

- die Absicherung der Pflegeperson bei einem Unfall während der Pflege
- die Absicherung der Pflegeperson in der Arbeitslosenversicherung
- die Zahlung von Beiträgen für die Pflegeperson zur gesetzlichen Rente

Zeitlicher Umfang der Pflege

Wie Sie bereits erfahren haben, ist es für einen möglichen Anspruch auf soziale Sicherung entscheidend, dass die Pflegeperson pro Woche mindestens zehn Stunden pflegt und diese Stunden sich wenigstens auf zwei Tage wöchentlich verteilen. Bei der Pflegebegutachtung ermittelt der von der Pflegekasse bzw. der privaten Pflegeversicherung beauftragte Gutachter aber nicht, wie viele Stunden Pflege der Pflegebedürftige braucht. Auf welcher Grundlage kann der Gutachter dann feststellen, ob eine Pflegeperson die Grenzen für die soziale Sicherung erfüllt?

Bevor ich diese Frage beantworte, hier zunächst die Tätigkeiten, die bei der Prüfung, ob die Grenzen erreicht wurden, berücksichtigt werden. Dazu gehören die Zeiten, in denen die Pflegeperson dem Pflegebedürftigen hilft, bei:

- körperbezogenen Pflegemaßnahmen wie Waschen, Duschen und Baden, Mund-/Zahnpflege, Kämmen, Rasieren, Toilettengang, Zerteilen des Essens in mundgerechte Bissen oder Reichen von Speisen und Getränken, Aufstehen und Zubettgehen, An- und Auskleiden, Gehen, Stehen, Treppensteigen, Verlassen und Wiederaufsuchen der Wohnung
- pflegerischen Betreuungsmaßnahmen wie z. B. Tagesstruktur entwickeln/aufrechterhalten, Hilfe zur Einhaltung eines Tag-

Nacht-Rhythmus, Unterstützen der räumlichen und zeitlichen Orientierung, Hilfestellung bei Hobby und Spiel, Spaziergänge in der näheren Umgebung, Hilfe bei Besuchen von Verwandten und Bekannten, Begleitung zum Friedhof oder zum Gottesdienst, Begleitung zum Arzt oder zu Therapeuten

- Hilfen bei der Haushaltsführung wie Einkaufen für den täglichen Bedarf, Kochen einschließlich des Vor-/Zubereitens der dafür nötigen Zutaten, Reinigen und Aufräumen der Wohnung (das können sowohl einfache Arbeiten sein als auch aufwendigere, z. B. Tischdecken/Abräumen, Spülen, Ein- und Ausräumen der Geschirrspülmaschine, Wäschefalten, Staubwischen, Bödenwischen, Staubsaugen, Fensterputzen, Wäschewaschen, Bettbeziehen oder Müllentsorgen), Spülen per Hand einschließlich der Reinigung des Spülbereichs, Wechseln und Waschen der Wäsche und Kleidung des täglichen Gebrauchs, Heizen bei Ofenheizung, Hilfe bei der Nutzung von Dienstleistungen (z. B. Haushaltshilfen, Essen auf Rädern, Handwerker, Friseur oder Fußpflege), Hilfestellung bei finanziellen und behördlichen Angelegenheiten.

Praxis-Tipp:

Damit die oben genannten Pflegetätigkeiten zeitlich berücksichtigt werden, müssen sie notwendig sein. Deckt die Pflegeperson z. B. den Tisch, obwohl der Pflegebedürftige das noch allein könnte, wird diese Zeit nicht berücksichtigt.

Und nun zurück zu der Frage, auf welcher Grundlage der Gutachter feststellt, ob eine Pflegeperson die Grenzen für die soziale Sicherung erfüllt? Wie Sie gelesen haben, wird der zeitliche Aufwand von sehr vielen Tätigkeiten berücksichtigt, mit denen die Pflegeperson den Pflegebedürftigen unterstützt. Erreicht werden muss dagegen „nur" ein zeitlicher Umfang von zehn Stunden pro Woche. Wird der Pflegebedürftige nur von einer Pflegeperson versorgt, wird der Gutachter darum immer davon ausgehen, dass die Stundengrenze für die soziale Sicherung erfüllt ist, wenn der Pflegebedürftige mindestens Pflegegrad 2 hat.

Genauer nachfragen wird der Gutachter erst, wenn sich mehrere Pflegepersonen die Pflege eines Pflegebedürftigen teilen. Hier hilft es, wenn diese Pflegepersonen vor dem Begutachtungstermin in einem Tagebuch aufschreiben, wer welche der oben genannten Pflegetätigkeiten übernimmt und wie viel Zeit dafür jeweils erforderlich ist.

Praxis-Tipp:

Können die Pflegepersonen, die gemeinsam einen Pflegebedürftigen mit mindestens Pflegegrad 2 versorgen, dem Gutachter keine Angaben dazu machen, wie sich die Pflege zeitlich auf sie verteilt, teilt der Gutachter die Zeiten gleichmäßig auf die Pflegepersonen auf. Das kann dazu führen, dass am Ende keine Pflegeperson die Möglichkeit hat, über die Pflegekasse eine soziale Sicherung zu bekommen. Es kann aber auch dazu führen, dass die Pflegekasse für eine Pflegeperson Beiträge zur gesetzlichen Rentenversicherung zahlt, obwohl sich diese Pflegeperson nur in einem sehr geringen zeitlichen Umfang an der Pflege beteiligt. Sie können das vermeiden, indem Sie dem Gutachter bei der Begutachtung mitteilen, welche Pflegeperson mit welchem zeitlichen Umfang an der Pflege beteiligt ist.

Nachfragen wird der Gutachter auch dann, wenn die Pflege zum Teil von erwerbsmäßig tätigen Pflegekräften übernommen wird, z. B. von Pflegekräften eines ambulanten Pflegedienstes. Auch hier ist es sinnvoll, vor dem Begutachtungstermin in einem Tagebuch zu notieren, welche Pflegetätigkeiten von der Pflegeperson übernommen werden und wie viel Zeit dafür erforderlich ist.

Additionspflege

Versorgt eine Pflegeperson mehrere Pflegebedürftige mit mindestens Pflegegrad 2, wird das im Gesetz als Additionspflege bezeichnet.

Die Additionspflege ist dann wichtig, wenn die Pflegeperson mit der Pflege eines Pflegebedürftigen nicht die für die soziale Absicherung in der Unfall-, Arbeitslosen- und Rentenversicherung erforderlichen Voraussetzungen erreicht.

Praxis-Tipp:

Ergibt die Prüfung, dass die Pflegeperson die für die soziale Sicherung erforderlichen Grenzen (zehn Stunden pro Woche, verteilt auf mindestens zwei Tage wöchentlich) bei einem Pflegebedürftigen zwar nicht erreicht, diese aber bei einem weiteren von ihr versorgten Pflegebedürftigen mit mindestens Pflegegrad 2 bereits erreicht hat, hat sie automatisch auch Anspruch auf soziale Sicherung für die Pflege des Pflegebedürftigen, bei dem sie diese Grenzen nicht erreicht. Als Faustregel gilt: Hat die Pflegeperson bereits aufgrund der Pflege eines anderen Pflegebedürftigen Anspruch auf soziale Sicherung, hat sie diesen Anspruch automatisch auch für die Pflege weiterer Pflegebedürftiger mit mindestens Pflegegrad 2.

Intervallpflege

Manchmal teilen sich mehrere Angehörige die Pflege so auf, dass sie sich wochen- oder tageweise abwechseln. Dann sprechen Fachleute von „Intervallpflege“. In diesem Fall müssen die Grenzen für die soziale Sicherung im Durchschnitt erreicht werden.

Gesamtpflegeaufwand

Die bei einem Pflegebedürftigen von einer Pflegeperson oder von mehreren Pflegepersonen insgesamt für die Versorgung geleistete Zeit wird „Gesamtpflegeaufwand“ genannt.

Praxis-Tipp:

Übernimmt z. B. ein ambulanter Pflegedienst einen Teil der Pflege, zählt die von ihm erbrachte Zeit nicht zum Gesamtpflegeaufwand.
Der Begriff Gesamtpflegeaufwand wird auch im Zusammenhang mit der Arbeitslosenversicherung bei der Additionspflege (siehe oben) verwendet. Hier bezeichnet er die für alle von einer Pflegeperson versorgten Pflegebedürftigen insgesamt aufgewendete Zeit. Die Pflegekassen der versorgten Pflegebedürftigen zahlen dann jeweils einen Teil des Beitrags zur Arbeitslosenversicherung. Wie das genau funktioniert, erfahren Sie im Abschnitt „Arbeitslosenversicherung“.

Mehrfachpflege

Versorgen mehrere Pflegepersonen einen Pflegebedürftigen mit mindestens Pflegegrad 2, wird das im Gesetz „Mehrfachpflege" genannt.

Die Mehrfachpflege führt dazu, dass die Pflegekasse pro Pflegeperson nur anteilig Beiträge zur Rentenversicherung zahlt. Wie hoch dieser Anteil ist, hängt davon ab, zu wie viel Prozent jede Pflegeperson sich an der Pflege des Pflegebedürftigen beteiligt. Mehr dazu erfahren Sie im Abschnitt „Gesetzliche Rentenversicherung".

Gesetzliche Unfallversicherung (SGB VII)

Welche Pflegepersonen sind gesetzlich bei Unfällen versichert?

Pflegepersonen, die einen oder mehrere Pflegebedürftige, die mindestens Pflegegrad 2 haben, in einem Umfang von mindestens zehn Stunden pro Woche, verteilt auf wenigstens zwei Tage wöchentlich in häuslicher Umgebung pflegen, sind beitragsfrei gesetzlich unfallversichert.

Welchen Nutzen hat die gesetzliche Unfallversicherung?

Erleidet eine Pflegeperson einen Unfall, so übernimmt der Unfallversicherungsträger die Kosten für

- eine umfassende Heilbehandlung, z. B. ärztliche und zahnärztliche Behandlungen, Behandlungen im Krankenhaus und in Rehabilitationseinrichtungen, Arznei-, Verband-, Heil- und Hilfsmittel (ohne gesetzliche Zuzahlung), sowie
- die soziale und berufliche Rehabilitation, z. B. Mobilitätshilfen, Leistungen der Kinderbetreuung, Haushaltshilfe, Reisekosten, Verletztengeld, Geldleistung während der Rehabilitationsmaßnahmen.

Bei dauerhaften Gesundheitsschäden ist auch eine Rentenzahlung möglich.

Für welche Pflegetätigkeiten gilt die Unfallversicherung?

Versichert sind die notwendigen Tätigkeiten der Pflegeperson z. B.

- beim Ins-Bett-Bringen, beim Laufen oder beim Halten oder Korrigieren einer Sitz-/Liegeposition in der häuslichen Umgebung, beim Lesen der Uhrzeit oder des Datums, bei Lernspielen, Puzzles oder Gedächtnisspielen, beim Waschen, Duschen oder Baden, bei der mundgerechten Zubereitung der Nahrung, beim Essen und Trinken, beim An- und Auskleiden, bei der Benutzung einer Toilette oder eines Toilettenstuhls, bei der Benutzung eines Katheters/Urostomas, zum Schutz des Pflegebedürftigen davor, sich selbst zu verletzen, beim Beruhigen und bei der Gabe von Medikamenten/Injektionen, beim An- und Ablegen von Hilfsmitteln wie z. B. einem Hörgerät und als Begleitung auf dem Weg zum Arzt und anderen Therapeuten und
- bei der Haushaltsführung, z. B. auf den Wegen von und zu Behörden und Banken oder während der Hausarbeiten wie z. B. dem Einkauf des täglichen Bedarfs.

Versichert sind zudem der direkte Hin- und Rückweg zum Ort der Pflegetätigkeit und zur Wohnung der Pflegeperson zurück, wenn die oder der Pflegebedürftige in einer anderen Wohnung als die Pflegeperson wohnt.

> ***Praxis-Tipp:***
>
> *Für Aktivitäten außer Haus, die nicht in Verbindung mit den oben genannten Tätigkeiten erforderlich sind, besteht kein Unfallversicherungsschutz. Solche Aktivitäten sind z. B. Begleitung bei Spaziergängen als Freizeitbeschäftigung oder Begleitung beim Besuch kultureller Veranstaltungen. Ebenfalls nicht versichert sind Tätigkeiten, mit denen die Pflegeperson sich selbst oder andere Angehörige als den Pflegebedürftigen versorgt.*

Was ist bei einem Unfall zu tun?

Um diesen Leistungsanspruch zu sichern, muss der Unfall innerhalb von drei Tagen an den Unfallversicherungsträger gemeldet werden. Umgehend bedeutet, dass der Unfall innerhalb von drei Tagen dem Unfallversicherungsträger anzuzeigen ist. Ist die Pflegeperson selbst aufgrund der Schwere des Unfalls nicht dazu in der Lage, kann der

Unfall auch von Familienangehörigen gemeldet werden. Ist die Pflegeperson während der Pflegetätigkeit tödlich verunglückt, ist dies dem Unfallversicherungsträger sofort zu melden.

Zusätzlich sollte der behandelnde Arzt bzw. das aufnehmende Krankenhaus darüber informiert werden, dass es sich um einen Unfall handelt, der während der Pflegetätigkeit passiert ist. In diesem Fall braucht die Pflegeperson dem Arzt bzw. Krankenhaus nicht ihre Krankenversicherungskarte vorlegen. Der Arzt bzw. das Krankenhaus rechnen direkt mit dem Unfallversicherungsträger ab.

Welcher Unfallversicherungsträger ist bei einem Unfall zu informieren?

Welcher Unfallversicherungsträger in Ihrem Bundesland zuständig ist, sehen Sie in dieser Tabelle:

Bundesland	Zuständig ist ...
Baden-Württemberg	Unfallkasse Baden-Württemberg Hauptsitz Stuttgart: Postfach 600604 70324 Stuttgart Tel.: 0711 9321-0 Sitz Karlsruhe: 76128 Karlsruhe Tel.: 0721 6098-0
Bayern	Kommunale Unfallversicherung Bayern 80791 München Tel.: 089 360 93-0
Berlin	Unfallkasse Berlin Postfach 49 03 66, 12283 Berlin Tel.: 030 7624-0
Brandenburg	Unfallkasse Brandenburg Postfach 11 13, 15201 Frankfurt Tel.: 0335 5216-0

Bundesland	**Zuständig ist ...**
Bremen/Bremerhaven	Unfallkasse Freie Hansestadt Bremen Konsul-Smidt-Str. 76a, 28217 Bremen Tel.: 0421 35012-0
Hamburg	Unfallkasse Nord Standort Hamburg Spohrstraße 2, 22083 Hamburg Tel.: 040 27153-0
Hessen	Unfallkasse Hessen Postfach 10 10 42, 60010 Frankfurt Tel.: 069 29972-440
Mecklenburg-Vorpommern	Unfallkasse Mecklenburg-Vorpommern Wismarsche Straße 199, 19053 Schwerin Tel.: 0385 5181-0
Niedersachsen	Braunschweigischer Gemeinde-Unfallversicherungsverband Postfach 15 42, 38005 Braunschweig Tel.: 0531 27374-0 Gemeinde-Unfallversicherungsverband Hannover Postfach 81 03 61, 30503 Hannover Tel.: 0511 8707-0 Gemeinde-Unfallversicherungsverband Oldenburg Postfach 27 61, 26017 Oldenburg Tel.: 0441 77909-0

Bundesland	**Zuständig ist ...**
Nordrhein-Westfalen	Unfallkasse Nordrhein-Westfalen Regionaldirektion Rheinland Moskauer Straße 18, 40227 Düsseldorf Tel.: 0211 2808-0 Regionaldirektion Westfalen-Lippe Salzmannstraße 156, 48159 Münster Tel.: 0251 2102-0
Rheinland-Pfalz	Unfallkasse Rheinland-Pfalz 56624 Andernach Tel.: 02632 960-0
Saarland	Unfallkasse Saarland Postfach 20 02 80, 66043 Saarbrücken Tel.: 06897 9733-0
Sachsen	Unfallkasse Sachsen Postfach 42, 01651 Meißen Tel.: 03521 724-0
Sachsen-Anhalt	Unfallkasse Sachsen-Anhalt Käsperstraße 31, 39261 Zerbst Tel.: 03923 751-0
Schleswig-Holstein	Unfallkasse Nord Standort Kiel Seekoppelweg 5a, 24113 Kiel Tel.: 0431 6407-0
Thüringen	Unfallkasse Thüringen Postfach 10 03 02, 99853 Gotha Tel.: 03621 777-0

Quelle: Deutsche Gesetzliche Unfallversicherung e. V.

Arbeitslosenversicherung (SGB III)

Für welche Pflegepersonen zahlt die Pflegekasse Beiträge zur Arbeitslosenversicherung?

Die Pflegekasse zahlt für Pflegepersonen Beiträge zur Arbeitslosenversicherung, wenn die folgenden Voraussetzungen alle erfüllt sind:

- Die Pflegeperson pflegt einen oder mehrere Pflegebedürftige mit jeweils mindestens Pflegegrad 2 in häuslicher Umgebung.
- Für diese Pflege wendet sie pro Woche mindestens zehn Stunden, verteilt auf wenigstens zwei Tage wöchentlich auf.
- Unmittelbar vor Beginn der Pflege war die Pflegeperson als Beschäftigte/r in der Arbeitslosenversicherung versichert oder bezog eine Entgeltersatzleistung nach dem SGB III wie z. B. das sogenannte Arbeitslosengeld I („unmittelbar" bedeutet: zwischen dem Ende der vorherigen Versicherung und dem Beginn der Pflegetätigkeit liegt maximal ein Monat).
- Während der Pflege übt die Pflegeperson keine Beschäftigung aus, in der sie in der Arbeitslosenversicherung versichert ist.
- Die Pflegeperson hat die Regelaltersgrenze für den Bezug einer Altersrente noch nicht erreicht.

> ***Praxis-Tipp:***
>
> *Pflegepersonen, die vor Beginn der Pflegetätigkeit nicht gearbeitet haben (z. B. Hausfrauen) oder bedarfsabhängige Leistungen nach SGB II (Bürgergeld, vormals „Hartz IV") oder XII (Sozialhilfe) erhalten haben, haben keinen Anspruch darauf, dass die Pflegekasse für sie Beiträge nach SGB III (Arbeitslosenversicherung) zahlt. Ein Anspruch auf Arbeitslosengeld I nach dem Ende der Pflegetätigkeit kann somit für sie nicht entstehen.*

Welchen Nutzen hat die Arbeitslosenversicherung?

Die Pflegeperson hat damit

- Anspruch auf Arbeitslosengeld und
- Anspruch auf Leistungen der Arbeitsförderung wie z. B. Fort- und Weiterbildungen,

falls sie nach dem Ende der Pflegetätigkeit nicht wieder problemlos ihre alte Beschäftigung wieder aufnehmen kann oder sich eine neue Arbeitsstelle suchen muss.

Auch Pflegepersonen, die aufgrund der Übernahme der Pflege ihren bisherigen Leistungsbezug aus der Arbeitslosenversicherung unterbrechen, bekommen die oben genannten Ansprüche.

Wie hoch ist der Beitrag, den die Pflegekasse pro Monat zahlt?

Für Pflegepersonen, die über die Pflegekasse bei der Bundesagentur für Arbeit versichert werden, wird ein Arbeitsentgelt in Höhe von 50 Prozent der Bezugsgröße angenommen. Auf diesen Betrag zahlt die Pflegekasse den Beitrag zur Arbeitslosenversicherung. Der Beitragssatz beträgt 2,6 Prozent (Stand 2023).

Daraus ergeben sich folgende Beitragszahlungen pro Monat:

Höhe der Bezugsgröße	davon 50 %	Beitrag pro Monat
Bezugsgröße pro Monat (West) = 3.395 €	1.697,50 €	41,76 €
Bezugsgröße pro Monat (Ost) = 3.290 €	1.645,00 €	40,47 €

Ob für den Beitrag die Bezugsgröße West oder Ost zugrunde gelegt wird, hängt davon ab, in welchem Bundesland die Pflegeperson pflegt. Keine Rolle spielt dagegen, wo die Pflegeperson ihren Hauptwohnsitz hat. Die Bezugsgröße wird jährlich an die allgemeine Einkommensentwicklung angepasst und in der Regel im Oktober des Vorjahres vom Bundesministerium für Arbeit und Soziales in der „Verordnung über maßgebende Rechengrößen in der Sozialversicherung" für das nächste Jahr festgelegt.

Zahlen die Pflegekassen bei Additionspflege jeweils den Höchstbeitrag?

Wie Sie bereits erfahren haben, versorgt bei der Additionspflege eine Pflegeperson mehrere Pflegebedürftige. Bei der Arbeitslosenversicherung ändert das aber nichts daran, dass für die Pflegeperson insgesamt 50 Prozent der Bezugsgröße als Arbeitsentgelt angenommen werden. Die Additionspflege bewirkt hier nur, dass sich die Pflegekassen, bei denen die versorgten Pflegebedürftigen versichert sind, die Kosten für die Arbeitslosenversicherung der Pflegeperson teilen. Wie hoch der Anteil ist, den die einzelne Pflegekasse zahlen muss, hängt davon ab, wie hoch der zeitliche Anteil für den bei dieser Pflegekasse versicherten Pflegebedürftigen an der von der Pflegeperson insgesamt für alle von ihr versorgten Pflegebedürftigen aufgewendeten Zeit ist. Diese insgesamt von der Pflegeperson aufgewendete Zeit wird auch Gesamtpflegeaufwand genannt. Zum besseren Verständnis hier ein Beispiel.

Beispiel:

Klara B. pflegt ganz oder teilweise mehrere Pflegebedürftige: ihre Schwiegermutter 4 Stunden pro Woche, ihren Vater 7 Stunden pro Woche und ihre Tochter 20 Stunden pro Woche. Die Tabelle zeigt, wie sich die von ihr geleistete Pflege zeitlich verteilt und wie hoch der monatliche Beitrag ist, der von den einzelnen Pflegekassen zu zahlen ist. Angenommen wird hierbei, dass Klara B. Pflegebedürftige in Rheinland-Pfalz versorgt und damit die Bezugsgröße West anzuwenden ist.

* 2,6 % = Beitragssatz zur Arbeitslosenversicherung

Pflegebedürftiger	Schwiegermutter	Vater	Tochter	Gesamtpflegeaufwand pro Woche
Zeitlicher Umfang pro Woche	4 Stunden	7 Stunden	20 Stunden	31 Stunden
Anteil am Gesamtpflegeaufwand in Prozent	4 Stunden/31 Stunden = 12,90 %	7 Stunden/31 Stunden = 22,58 %	20 Stunden/31 Stunden = 64,52 %	
Beitragsrechnung der Pflegekasse	1.697,50 € x 12,9 % x 2,6 %*	1.697,50 € x 22,58 % x 2,46 %*	1.697,50 € x 64,52 % x 2,46 %*	
Pflegekasse zahlt monatlichen Beitrag in Höhe von ...	5,39 €	9,43 €	26,94 €	

6

Zahlen die Pflegekassen bei Mehrfachpflege den Beitrag nur anteilig?

Wie Sie bereits gelesen haben, wird von Mehrfachpflege gesprochen, wenn mehrere Pflegepersonen einen Pflegebedürftigen versorgen. Auf den Beitrag, den die Pflegekasse für jede Pflegeperson an die Bundesagentur für Arbeit zahlt, hat das keine Auswirkung. Für jede Pflegeperson werden 50 Prozent der monatlichen Bezugsgröße als Arbeitsentgelt angenommen.

> ***Praxis-Tipp:***
>
> *Es kommt vor, dass eine Pflegeperson mehrere Pflegebedürftige versorgt (Additionspflege) und bei der Versorgung einer dieser Pflegebedürftigen an einer Mehrfachpflege beteiligt ist. Auch bei Klara B. im Beispiel ist das so. Sie beteiligt sich an der Pflege ihrer Schwiegermutter, indem sie ihre Schwägerin dabei unterstützt. Für sie bleibt es aufgrund der Additionspflege in allen Pflegetätigkeiten bei der zuvor in der Tabelle dargestellten Aufteilung des Beitrags zur Arbeitslosenversicherung auf die einzelnen Pflegekassen.*

Gesetzliche Rentenversicherung (SGB VI)

Für welche Pflegepersonen zahlt die Pflegekasse Beiträge zur gesetzlichen Rentenversicherung?

Die Pflegekasse zahlt für Pflegepersonen Beiträge zur Rentenversicherung, wenn die folgenden Voraussetzungen erfüllt sind:

- Die Pflegeperson pflegt nicht erwerbsmäßig einen oder mehrere Pflegebedürftige mit jeweils mindestens Pflegegrad 2 in häuslicher Umgebung.
- Für diese Pflege wendet sie pro Woche mindestens zehn Stunden, verteilt auf wenigstens zwei Tage wöchentlich auf.
- Die Pflege ist auf Dauer geplant, das bedeutet: voraussichtlich für mehr als zwei Monate bzw. 60 Tage pro Jahr.
- Sofern die Pflegeperson neben der Pflege berufstätig ist, arbeitet sie pro Woche regelmäßig max. 30 Stunden.

- Die Pflegeperson erhält noch keine gesetzliche Vollrente nach Erreichen der Regelaltersgrenze.

> ***Praxis-Tipp:***
>
> *Dank des Flexi-Rentengesetzes können seit dem 01.07.2017 pflegende Angehörige, die grundsätzlich die oben genannten Voraussetzungen erfüllen, auch nach Erreichen ihrer Regelaltersgrenze ihre Rente erhöhen. Sie können ab diesem Zeitpunkt nämlich statt der Vollrente eine flexible Teilrente in Höhe von 10 Prozent bis 99,9 Prozent wählen. So tritt keine Versicherungsfreiheit in der gesetzlichen Rentenversicherung ein und die Pflegekasse zahlt weiter Rentenversicherungsbeiträge. Endet die Pflegetätigkeit, weil z. B. der gepflegte Angehörige in eine vollstationäre Pflegeeinrichtung umzieht, kann auf Antrag wieder in die Vollrente gewechselt werden. Diese wird aufgrund der inzwischen von der Pflegekasse eingezahlten Rentenversicherungsbeiträge höher ausfallen. Falls Sie sich dafür interessieren, fragen Sie bei der Deutschen Rentenversicherung Bund nach, wie sie eine Teilrente beantragen können und worauf dabei ggf. noch zu achten ist.*

Welchen Nutzen hat die gesetzliche Rentenversicherung?

Die Pflegeperson kann mit der Pflegetätigkeit z. B.

- ihre gesetzliche Rente erhöhen, auf die sie nach Erreichen der Regelaltersgrenze Anspruch hat,
- Zeiten erwerben, um Wartezeiten bei bestimmten Leistungen der gesetzlichen Rentenversicherung zu erfüllen, wie z. B. einer Rente wegen Erwerbsminderung,
- überhaupt Ansprüche auf Leistungen der gesetzlichen Rentenversicherung erwerben, wenn diese vor Beginn der Pflegetätigkeit noch nicht bestanden.

Wie hoch der zusätzliche Rentenanspruch pro Monat ist, den eine Pflegeperson mit einem Jahr Pflege maximal erreichen kann, hängt von mehreren Faktoren ab. Diese sind:

- Höhe der Bezugsgröße, auf deren Basis der Beitrag berechnet wird
- Pflegegrad des/der von der Pflegeperson versorgten Pflegebedürftigen

- in Anspruch genommene Leistung der Pflegekasse (Pflegegeld, Kombinationsleistung, Pflegesachleistung)
- bei Mehrfachpflege zusätzlich Anteil der von der Pflegeperson übernommenen Zeit am Gesamtpflegeaufwand

Die Tabelle zeigt, wie hoch der zusätzliche Rentenanspruch sein kann, wenn die Pflegeperson einen Pflegebedürftigen allein bzw. mit Unterstützung eines Pflegedienstes versorgt (Quelle: Bundesministerium für Gesundheit, Stand Juli 2023):

Pflegegrad	**Leistung der Pflegekasse**	**Zusätzlicher Rentenanspruch für ein Jahr Pflege (West)**	**Zusätzlicher Rentenanspruch für ein Jahr Pflege (Ost)**
	Pflegegeld	9,19 €	9,02 €
2	Kombinationsleistung*	7,81 €	7,67 €
	Pflegesachleistung**	6,43 €	6,32 €
	Pflegegeld	14,63 €	14,37 €
3	Kombinationsleistung*	12,43 €	12,21 €
	Pflegesachleistung**	10,24 €	10,06 €
	Pflegegeld	23,81 €	23,39 €
4	Kombinationsleistung*	20,24 €	19,88 €
	Pflegesachleistung**	16,67 €	16,37 €
	Pflegegeld	34,01 €	33,41 €
5	Kombinationsleistung*	28,91 €	28,40 €
	Pflegesachleistung**	23,81 €	23,39 €

* Kombinationsleistung = Kombination Pflegegeld mit Leistungen eines ambulanten Pflegedienstes

** Pflegesachleistung = Leistungsanspruch für einen ambulanten Pflegedienst wird ausgeschöpft

Wie Sie in der Tabelle sehen, ist der zusätzliche Rentenanspruch bei einer Kombinationsleistung höher als bei der Pflegesachleistung. Pflegepersonen bzw. die von ihnen versorgten Pflegebedürftigen könnten darum auf die Idee kommen, bei der Pflegekasse Kombinationsleistung zu beantragen, obwohl der Leistungsbetrag, den die Pflegekasse als Pflegesachleistung für Leistungen eines ambulanten Pflegedienstes zahlt, in jedem Monat ausgeschöpft wird. Das scheint ein schlauer Trick zu sein, der jedoch in der Praxis nicht funktioniert. Welche der oben genannten Leistungen der Pflegekasse für die gesetzliche Rentenversicherung der Pflegeperson zugrunde gelegt wird, hängt davon ab, welche Leistung tatsächlich in Anspruch genommen wird. Wird also in jedem Monat die Pflegesachleistung komplett verbraucht, wird die Pflegesachleistung zugrunde gelegt. Das gilt auch dann, wenn Kombinationsleistung beantragt und von der Pflegekasse genehmigt wurde.

Praxis-Tipp:

In seltenen Fällen kommt es vor, dass die Pflegeperson am Ende keine höhere Altersrente erhält, obwohl sie jahrelang als Pflegeperson einen pflegebedürftigen Angehörigen versorgt hat und die Pflegekasse Beiträge an die gesetzliche Rentenversicherung zahlte. Das kann passieren, wenn die Pflegeperson bereits vor Erreichen des Alters für die Altersrente eine Rente wegen voller Erwerbsminderung bezogen hat. Hier können beim Übergang von der Erwerbsminderungsrente in die Altersrente im Gesetz verankerte „Günstigkeitsregelungen" dazu führen, dass die Altersrente trotz der Pflegetätigkeit nicht höher ist als ohne Pflegetätigkeit. Falls Sie hierzu eine Klärung wollen, fragen Sie bei der Beratungsstelle der Deutschen Rentenversicherung Bund nach.

Wie hoch ist der Beitrag, den die Pflegekasse pro Monat zahlt?

Wie hoch der Beitrag ist, den die Pflegekasse für eine Pflegeperson maximal zahlt, hängt von diesen Faktoren ab:

- Höhe der Bezugsgröße, auf deren Basis der Beitrag berechnet wird (die Bezugsgröße wird jährlich angepasst; Stand 2023: West = 3.395 Euro, Ost = 3.290 Euro),
- Höhe des Rentenversicherungsbeitrags (Stand Oktober 2023: 18,6 Prozent)
- Pflegegrad des/der von der Pflegeperson versorgten Pflegebedürftigen
- in Anspruch genommene Leistung der Pflegekasse (Pflegegeld, Kombinationsleistung, Pflegesachleistung)
- bei Mehrfachpflege zusätzlich Anteil der von der Pflegeperson übernommenen Zeit am Gesamtpflegeaufwand

Die Tabelle zeigt, wie hoch der Beitrag ist, wenn die Pflegeperson einen Pflegebedürftigen allein bzw. mit Unterstützung eines Pflegedienstes versorgt.

Daraus ergeben sich aktuell folgende Beitragszahlungen pro Monat:

Pflegegrad	Leistung der Pflegekasse	Beitrag wird gezahlt auf ... % der Bezugsgröße	Beitrag pro Monat auf Basis Bezugsgröße (West)	Beitrag pro Monat auf Basis Bezugsgröße (Ost)
2	Pflegegeld	27 %	170,50 €	165,22 €
	Kombinationsleistung	22,95 %	144,92 €	140,44 €
	Pflegesachleistung	19,9 %	119,35 €	115,66 €
3	Pflegegeld	43 %	271,53 €	263,13 €
	Kombinationsleistung	36,55 %	230,80 €	223,67 €
	Pflegesachleistung	30,1 %	190,07 €	184,19 €
4	Pflegegeld	70 %	442,03 €	428,36 €
	Kombinationsleistung	59,5 %	375,73 €	364,10 €
	Pflegesachleistung	49 %	309,42 €	299,85 €

Pflege-grad	Leistung der Pflegekasse	Beitrag wird gezahlt auf ... % der Bezugsgröße	Beitrag pro Monat auf Basis Bezugsgröße (West)	Beitrag pro Monat auf Basis Bezugsgröße (Ost)
5	Pflegegeld	100 %	631,47 €	611,94 €
	Kombinationsleistung	85 %	536,75 €	520,15 €
	Pflegesachleistung	70 %	442,03 €	428,36 €

Für die Beitragszahlung wird also die Bezugsgröße in voller Höhe (bei Pflegegrad 5 und Pflegegeld) oder anteilig als fiktives Einkommen der Pflegeperson bzw. bei Mehrfachpflege der Pflegepersonen (insgesamt) angenommen. Ob für den Beitrag die Bezugsgröße West oder Ost zugrunde gelegt wird, hängt davon ab, in welchem Bundesland die Pflegeperson pflegt. Keine Rolle spielt dagegen, wo die Pflegeperson ihren Hauptwohnsitz hat.

6

Zahlen die Pflegekassen bei Additionspflege jeweils den Höchstbeitrag?

Wie Sie bereits gelesen haben, versorgt bei der Additionspflege eine Pflegeperson mehrere Pflegebedürftige. Hier wird in Abhängigkeit von den oben genannten Faktoren für jede Pflegetätigkeit ein Beitrag an die gesetzliche Rentenversicherung gezahlt. Zum besseren Verständnis hier ein Beispiel.

Beispiel:

Roland K. versorgt als Pflegeperson seine Eltern in häuslicher Umgebung. Sein Vater hat Pflegegrad 4, seine Mutter hat Pflegegrad 2. Bei der Versorgung seines Vaters unterstützt ihn zweimal pro Woche ein ambulanter Pflegedienst im Rahmen der Kombinationsleistung. Die Mutter bekommt ausschließlich Pflegegeld. Die Tabelle zeigt, wie hoch der monatliche Beitrag ist, der von der Pflegekasse des Vaters und der Pflegekasse der Mutter für Roland K. an die gesetzliche Rentenversicherung zu zahlen ist. Angenommen wird hierbei, dass Roland K. und seine Eltern in Hessen leben und damit die Bezugsgröße West anzuwenden ist.

Pflegebedürftiger	Mutter	Vater
Pflegegrad	Pflegegrad 2	Pflegegrad 4
Leistungsart (Pflegegeld, Kombinationsleistung oder Pflegesachleistung)	Pflegegeld	Kombinationsleistung
Beitragsrechnung der Pflegekasse	3.395 € x 27,0 % x 18,6 %*	3.395 € x 59,5 % x 18,6 %*
Pflegekasse zahlt monatlichen Beitrag in Höhe von ...	170,50 €	375,73 €

* 18,6 % = Beitragssatz zur gesetzlichen Rentenversicherung

Zahlen die Pflegekassen bei Mehrfachpflege den Beitrag nur anteilig?

Sie haben bereits gelesen, dass bei Mehrfachpflege mehrere Pflegepersonen einen Pflegebedürftigen versorgen. Das hat Auswirkungen auf den Beitrag, den die Pflegekasse für die einzelne Pflegeperson an die gesetzliche Rentenversicherung zahlt, und damit auch auf die Höhe der zusätzlichen Rentenansprüche der einzelnen Pflegeperson. Zum besseren Verständnis hier ein Beispiel.

Beispiel:

Klara B. versorgt als Pflegeperson ihre Tochter (Pflegegrad 4) an fünf Tagen pro Woche im Umfang von insgesamt 20 Stunden (siehe oben). Ihr Ehemann Peter B. ist in Vollzeit beschäftigt. Er übernimmt die Pflege im Umfang von jeweils 1,5 Stunden abends an sieben Tagen pro Woche, insgesamt sind das pro Woche 10,5 Stunden. An zwei Tagen pro Woche kommt eine Pflegekraft eines ambulanten Pflegedienstes und übernimmt die Pflege für jeweils zwei Stunden, insgesamt also für vier Stunden pro Woche. Die Pflegekasse hat darum Kombinationsleistung bewilligt. Angenommen wird hierbei, dass Klara B. Pflegebedürftige in Rheinland-Pfalz versorgt und damit die Bezugsgröße West anzuwenden ist.

Pflege durch ...	**Klara B.**	**Peter B.**	**Pflegekraft des amb. Pflegedienstes**	**Gesamtpflegeaufwand pro Woche**
Zeitlicher Umfang pro Woche	20 Stunden	10,5 Stunden	4 Stunden	30,5 Stunden Die 4 Stunden der Pflegekraft des ambulanten Pflegedienstes werden nicht berücksichtigt.
Anteil am Gesamtpflegeaufwand in Prozent	20 Stunden/30,5 Stunden = 65,57 %	10,5 Stunden/30,5 Stunden = 34,43 %	kein Anteil, da erwerbsmäßige Pflegekräfte beim Gesamtpflegeaufwand nicht berücksichtigt werden	

6

Pflege durch ...	Klara B.	Peter B.	Pflegekraft des amb. Pflegedienstes	Gesamtpflegeaufwand pro Woche
Beitragsrechnung der Pflegekasse	3.395 € x 59,5 % x 18,6 %* x 65,57 %**	Peter K. arbeitet in Vollzeit und damit regelmäßig mehr als 30 Stunden pro Woche. Er hat darum keinen Anspruch darauf, dass die Pflegekasse für ihn Beiträge zur Rentenversicherung zahlt.	Erwerbstätige Pflegekräfte haben keinen Anspruch darauf, dass die Pflegekasse für sie Beiträge zur Rentenversicherung zahlen.	
Pflegekasse zahlt monatlichen Beitrag in Höhe von ...	246,36 €	-	-	

* 18,6 % = Beitragssatz zur gesetzlichen Rentenversicherung

** Anteil der von Klara B. geleisteten Pflege am Gesamtpflegeaufwand

Würde Peter K. im Beispiel pro Woche höchstens 30 Stunden arbeiten, würde die Pflegekasse auch für ihn anteilig Rentenversicherungsbeiträge zahlen.

Wie werden die Beiträge berechnet, wenn Additionspflege und Mehrfachpflege kombiniert sind?

Manchmal kommt es vor, dass eine Pflegeperson an der Versorgung von mehreren Pflegebedürftigen in häuslicher Umgebung beteiligt ist.

Beispiel:

Klara B. pflegt ganz oder teilweise mehrere Pflegebedürftige. Die Tabelle zeigt, wie sich die von ihr geleistete Pflege zeitlich verteilt und wie hoch der monatliche Beitrag ist, der von den einzelnen Pflegekassen zu zahlen ist. Angenommen wird hierbei, dass Klara B. Pflegebedürftige in Rheinland-Pfalz versorgt und damit die Bezugsgröße West anzuwenden ist.

Pflegebedürftiger	Schwiegermutter	Vater	Tochter
Pflegegrad	Pflegegrad 3	Pflegegrad 2	Pflegegrad 4
Leistungsart (Pflegegeld, Kombinationsleistung oder Pflegesachleistung)	Pflegegeld	Kombinationsleistung	Kombinationsleistung
Zeitlicher Umfang der von Klara B. pro Woche geleisteten Pflege	4 Stunden	7 Stunden	20 Stunden
Gesamtpflegeaufwand	28 Stunden	15 Stunden	30,5 Stunden
Anteil von Klara B. am Gesamtpflegeaufwand in Prozent	4 Stunden/28 Stunden = 14,29 %	7 Stunden/15 Stunden = 46,67 %	20 Stunden/30,5 Stunden = 65,57 %
Beitragsrechnung der Pflegekasse	3.395 € x 43 % x 18,6 %*x 14,29 %**	3.395 € x 22,95 % x 18,6 %* x 46,67 %**	3.395 € x 59,5 % x 18,6 %* x 65,57 %**
Pflegekasse zahlt monatlichen Beitrag in Höhe von ...	38,80 €	67,64 €	246,36 €

* 18,6 % = Beitragssatz zur gesetzlichen Rentenversicherung

** Anteil der von Klara B. geleisteten Pflege am Gesamtpflegeaufwand

6

Zahlt die Pflegekasse auch Beiträge an ein berufsständisches Versorgungswerk?

Wenn Sie aufgrund Ihres Berufes Pflichtmitglied in einer berufsständischen Versorgungseinrichtung sind, kann die Pflegekasse für Sie Beiträge an die berufsständische Versorgungseinrichtung zahlen. Dafür gelten grundsätzlich dieselben Voraussetzungen wie für andere Pflegepersonen.

Wichtig ist, dass Sie das bei der Pflegekasse des Pflegebedürftigen beantragen, den Sie als Pflegeperson in häuslicher Umgebung versorgen.

Diese Möglichkeit haben Sie, wenn Sie angestellt tätig sind, z. B. als angestellter Arzt oder Apotheker.

Diese Möglichkeit haben Sie aber auch, wenn Sie selbstständig tätig sind. Hier gilt jedoch zusätzlich die Voraussetzung, dass Sie sich von der Versicherungspflicht in der gesetzlichen Rentenversicherung hätten befreien lassen können, wenn Sie dort versicherungspflichtig gewesen wären. Das hört sich zugegeben kompliziert an. Dazu genügt aber in der Regel Ihr Antrag bei der Pflegekasse, dass diese für Sie als Pflegeperson Beiträge an Ihre berufsständische Versorgungseinrichtung zahlt.

Die Höhe der Beiträge, die von der Pflegekasse an die berufsständische Versorgungseinrichtung gezahlt werden, wird ebenso ermittelt wie die Beiträge für andere Pflegepersonen. Grundlagen sind also auch für Sie:

- Höhe der Bezugsgröße, auf deren Basis der Beitrag berechnet wird (Stand 2023: West = 3.395 Euro, Ost = 3.290 Euro)
- Höhe des Rentenversicherungsbeitrags (Stand 2023: 18,6 Prozent)
- Pflegegrad des/der von der Pflegeperson versorgten Pflegebedürftigen
- in Anspruch genommene Leistung der Pflegekasse (Pflegegeld, Kombinationsleistung, Pflegesachleistung)
- bei Mehrfachpflege zusätzlich Anteil der von der Pflegeperson übernommenen Zeit am Gesamtpflegeaufwand

7.

Der richtige Pflegedienst

Welche Leistungen bieten ambulante Pflegedienste an?

Ambulante Pflegedienste schicken ihre Mitarbeiter zu Ihnen nach Hause. Sie bieten in der Regel diese Leistungen an:

Pflegesachleistungen (§ 36 SGB XI)

- körperbezogene Pflegemaßnahmen, dazu gehören z. B. Hilfen beim Aufstehen, Setzen, Hinlegen, Treppensteigen, Waschen/Duschen/Baden, An- und Auskleiden, Toilettengang bzw. Wechseln von Vorlagen oder Windeln, Zerteilen von Lebensmitteln in mundgerechte Bissen, Essen und Trinken
- pflegerische Betreuungsleistungen, dazu gehören z. B. Hilfen beim Beschäftigen wie beim Lesen, Backen, Basteln, Lösen von Kreuzworträtseln, Planen des Tagesablaufs, Pflegen der Kontakte zu Bekannten, Freunden und Verwandten, Spazierengehen.
- Hilfen bei der Haushaltsführung, z. B. beim Einkaufsliste schreiben, Einkaufen und anderen wichtigen Besorgungen (z. B. Medikamente aus der Apotheke holen), Anträge ausfüllen, Reinigen der Wohnung, Kochen, Zubereiten von kleinen Mahlzeiten, Waschen und Bügeln der Wäsche

Häusliche Krankenpflege (§ 37 SGB V)

Diese Leistungen muss Ihr Arzt verordnen und Ihre Krankenkasse genehmigen. Dazu gehören z. B. Medikamente geben oder in einer Wochendosierbox vorbereiten, Verbände anlegen, Kompressionsstrümpfe an- und ausziehen, Injektionen s.c. (unter die Haut wie z. B. Insulin), Blutdruck und Blutzucker messen.

Entlastungsleistungen (§ 45b SGB XI)

Entlastungsleistungen sind häufig mit den oben beschriebenen Pflegesachleistungen vergleichbar. Dafür steht ein sogenannter Entlastungsbetrag in Höhe von 125 Euro pro Monat zur Verfügung. Diesen zahlt die Pflegekasse aber nicht direkt an den Pflegedienst. Der Pflegedienst rechnet Entlastungsleistungen mit Ihnen ab. Sie reichen danach die

Rechnung zur Erstattung bei der Pflegekasse ein. Ab Pflegegrad 2 darf die Pflegekasse körperbezogene Pflegemaßnahmen (siehe oben) nicht als Entlastungsleistungen erstatten.

Verhinderungspflege (§ 39 SGB XI)

Diese Leistung können Sie nur nutzen, wenn Sie mindestens Pflegegrad 2 haben und zu Hause von einer selbst beschafften Pflegeperson unterstützt werden wie z. B. Angehörigen. Die Verhinderungspflege dient als Ersatz, wenn diese Pflegeperson für einige Zeit ausfällt, z. B. weil sie krank ist oder Urlaub nimmt. Die Verhinderungspflege kann auch genutzt werden, wenn Ihre Pflegeperson für wenige Stunden ausfällt, z. B. weil sie einen Arzttermin hat.

Privatleistungen

Leistungen, die nicht zu einer der oben genannten Leistungen gehören, können Sie mit dem ambulanten Pflegedienst privat vereinbaren.

Das können Leistungen sein wie z. B. Zimmerpflanzen pflegen, Haustiere versorgen oder Geschenke bestellen. Haben Sie mit dem Pflegedienst sogenannte Stornierungskosten vereinbart, die Sie zahlen, wenn Sie Einsätze kurzfristig absagen, sind auch das Privatleistungen.

Wie finde ich einen Pflegedienst?

Den richtigen Pflegedienst zu finden, ist kein einfaches Vorhaben. Selbst wenn die Qualität des Pflegedienstes stimmt, bedeutet das nicht automatisch, dass Sie mit den einzelnen Pflegekräften zurechtkommen. Pflege beinhaltet auch sehr intime Belange, bei denen eine ausreichende Vertrauensbasis zwischen Ihnen und den Pflegekräften unverzichtbar ist.

Adressen und Telefonnummern von Pflegediensten finden Sie im örtlichen Telefonbuch und den Gelben Seiten.

Sie können auch direkt mit Ihrem Antrag auf Leistungen der Pflegeversicherung bei der Pflegekasse eine Liste mit Pflegediensten anfordern, die in Ihrem Umkreis tätig sind.

Eine weitere gute Möglichkeit, einen Pflegedienst zu finden, bietet z. B. auch der AOK-Pflegedienstnavigator. Diesen finden Sie hier:

- http://www.pflegedienstnavigator.de oder
- http://www.pflegelotse.de oder
- http://www.pflegefinder.de

Hier sind alle Pflegedienste aufgelistet, die berechtigt sind, direkt mit den Pflegekassen abzurechnen. Wenn Sie die Postleitzahl Ihres Wohnorts eingeben, werden aus den knapp 14.000 Pflegediensten genau die angezeigt, die in Ihrem Umkreis tätig sind.

Aus den Angaben zu jedem Pflegedienst können Sie auch erste Hinweise zur Qualität und zur Zufriedenheit der Kunden entnehmen. Die Gesamtnote ist jedoch wenig aussagekräftig. Achten Sie stattdessen auf die Qualitätsbewertung für pflegerische Leistungen, ärztlich verordnete pflegerische Leistungen (Behandlungspflege) und die Zufriedenheit der bei der Qualitätsprüfung befragten Pflegebedürftigen.

Als besonders hilfreich bei der Wahl des geeigneten Pflegedienstes werden auch Empfehlungen von Bekannten empfunden, die bereits einen Pflegedienst haben.

Wenn Sie sich für einen Pflegedienst entschieden haben, später jedoch feststellen, dass dieser nicht geeignet ist, können Sie sich einen anderen Pflegedienst nehmen.

Mit der folgenden Checkliste können Sie mehrere Pflegedienste miteinander vergleichen. Sie entscheiden, wie wichtig Ihnen die einzelnen Fragen sind, und können die Liste nach Belieben um Ihre eigenen Fragen ergänzen.

Checkliste Pflegedienst

Meine Fragen	Pflegedienst A	Pflegedienst B	Pflegedienst C	Erwünschte Antwort
Berät mich der Pflegedienst zu Hause?				Ja
Ist das erste Beratungsgespräch für mich kostenlos und unverbindlich?				Ja

Meine Fragen	**Pflegedienst A**	**Pflegedienst B**	**Pflegedienst C**	**Erwünschte Antwort**
Bekomme ich zusätzlich schriftliche Informationen und sind diese für mich gut verständlich?				Ja
Geht der Pflegedienst auf meine Wünsche ein in Bezug auf die gewünschten Leistungen und in Bezug auf die gewünschten Einsatzzeiten?				Ja
Werde ich vom Pflegedienst dazu gedrängt, zusätzliche und/oder teurere Leistungen zu nutzen als die von mir gewünschten?				Nein
Kann der Pflegedienst die von mir gewünschten Leistungen in vollem Umfang abdecken?				Ja
Arbeitet der Pflegedienst mit Kooperationspartnern zusammen, die er bei Bedarf vermittelt, z. B. Fußpflege, Friseur, Essen auf Rädern, Tagespflege?				Ja, mit …

Meine Fragen	Pflege-dienst A	Pflege-dienst B	Pflege-dienst C	Erwünschte Antwort
Bekomme ich vor Abschluss des Pflegevertrags einen Kostenvoranschlag, aus dem ich die von mir gewünschten Leistungen und die dafür vom Pflegedienst berechneten Preise sowie ggf. zu zahlende Zusatzkosten entnehmen kann?				Ja
(Bei Bedarf: Bietet der Pflegedienst speziell auf meine Krankheit ausgerichtete Leistungen an, wie z. B. Betreuung bei Demenz?)				Ja
Lerne ich die bei mir eingesetzten Mitarbeiter vor dem ersten Besuch persönlich kennen?				Ja
Kann ich einen anderen Mitarbeiter verlangen, wenn ich trotz guten Willens mit einem nicht zurechtkomme oder wünsche, dass mich nur Frauen bzw. Männer versorgen?				Ja
Kommt der Pflegedienst pünktlich zur vereinbarten Zeit, ggf. plus/minus 15 Minuten?				Ja

Meine Fragen	Pflege-dienst A	Pflege-dienst B	Pflege-dienst C	Erwünschte Antwort
Werde ich telefonisch informiert, wenn der Mitarbeiter sich mehr als 15 Minuten verspätet, z. B. bei einem Notfall eines anderen Patienten?				Ja
Ist der Pflegedienst in Notfällen auch außerhalb der vereinbarten Zeiten erreichbar und kann jemanden zu mir schicken, z. B. bei akuter Erkrankung mit Durchfall und Erbrechen?				Ja
Kann ich einen Pflegeeinsatz kurzfristig absagen – d. h. 24 Stunden vor dem betreffenden Einsatz – ohne dass ich für den abgesagten Einsatz bezahlen muss?				Ja
Kann ich vereinbarte Leistungen ändern und, falls ja, bis wann muss ich das dem Pflegedienst mitteilen?				Ja, innerhalb von …
Berät und unterstützt mich der Pflegedienst bei Anträgen von Pflegeleistungen und Leistungen der Krankenkasse, z. B. häuslicher Krankenpflege?				Ja

Meine Fragen	Pflege-dienst A	Pflege-dienst B	Pflege-dienst C	Erwünschte Antwort
Bekomme ich am Anfang des Folgemonats die Abrechnung der im Vormonat erbrachten Leistungen in Kopie sowie eine Kopie des Leistungsnachweises auch dann, wenn ich keine Eigenbeteiligung leisten muss?				Ja

Kostenvoranschlag

7 Bevor Sie einen ambulanten Pflegedienst beauftragen, informiert Sie der Pflegedienst über die voraussichtlichen Kosten. Er ist dazu verpflichtet. Nachlesen können Sie das in § 120 Abs. 3 Satz 2 SGB XI.

Praxis-Tipp:

Holen Sie mehrere Kostenvoranschläge ein.

Pflege durch einen Pflegedienst ist teuer. Hinzukommt, dass die Kosten von Pflegedienst zu Pflegedienst unterschiedlich hoch sind.

Das liegt daran, dass zwar der Leistungskatalog für Grundpflege und hauswirtschaftliche Versorgung für die in einem Bundesland tätigen Pflegedienste einheitlich ist, die Vergütung jedoch individuell mit jedem Pflegedienst von den Pflegekassen und Sozialhilfeträgern vereinbart wird.

Außerdem kann jeder Pflegedienst für sich festlegen, welche Zusatzleistungen er anbietet und was diese kosten.

Damit Sie von diesen Vergütungsunterschieden einen Nutzen haben, sollten Sie Kostenvoranschläge verschiedener Pflegedienste anfordern. Ich verspreche Ihnen: Sie werden staunen.

Pflegevertrag

Der Pflegedienst ist verpflichtet, mit Ihnen einen schriftlichen Pflegevertrag zu schließen.

Dieser Vertrag beinhaltet immer:

- Art, Umfang und Vergütung der Pflegesachleistungen (Abschnitt „Pflegesachleistung"), die der Pflegedienst erbringen soll
- Art, Umfang und Kosten der von Ihnen gewünschten zusätzlichen Leistungen, die Sie selbst bezahlen müssen

Darüber hinaus sollte Ihr Pflegevertrag folgende Punkte beinhalten:

Haftung

Der Pflegedienst sollte für alle schuldhaft von seinen Mitarbeitern verursachten Schäden haften.

Zahlungsweise für die von Ihnen zu zahlenden Kosten

Geben Sie dem Pflegedienst möglichst keine Einzugsermächtigung, sondern vereinbaren Sie die Bezahlung per Rechnung. Regelungen zur Leistung von Voraus- oder Abschlagszahlungen sollten Sie nicht akzeptieren.

Kündigung des Pflegevertrags

Ist nichts im Vertrag vereinbart, gilt für den Pflegedienst die gesetzliche Kündigungsfrist von 14 Tagen. Günstig ist, wenn der Pflegedienst den Vertrag erst nach einer Frist von sechs Wochen und nur zum Quartalsende lösen kann. Dann haben Sie mehr Zeit, sich einen anderen Pflegedienst zu suchen. **Sie können hingegen jederzeit ohne Einhaltung einer Kündigungsfrist kündigen.** Dieses Recht ist gesetzlich geregelt. Akzeptieren Sie darum im Pflegevertrag keine Einschränkung Ihrer gesetzlichen Kündigungsfrist.

Absage von vereinbarten Pflegeeinsätzen

Der Pflegevertrag sollte regeln, wie lange im Voraus Sie einen geplanten Pflegeeinsatz absagen können, ohne ihn bezahlen zu müssen. Der Hintergrund ist, dass der Pflegedienst gegenüber der Pflegekasse nur die Leistungen abrechnen kann, die tatsächlich erbracht wurden. Entfällt ein Pflegeeinsatz, kann der Pflegedienst diesen Einsatz nicht gegenüber der Pflegekasse abrechnen. Mit einer rechtzeitigen Absage des Pflegeeinsatzes kann der Pflegedienst das Personal jedoch anders einteilen, sodass ihm kein Verlust entsteht. Unter rechtzeitiger Absage verstehen viele Pflegedienste die Absage des Pflegeeinsatzes mindestens 24 Stunden vorher. Sagen Sie den Pflegeeinsatz später ab, müssen Sie ihn bezahlen.

Ruhen des Vertrags

Der Vertrag sollte ruhen, solange Sie im Krankenhaus, in einer Rehabilitationseinrichtung oder in der Kurzzeitpflege sind.

Unterschrift

Der Pflegevertrag sollte nur von Ihnen unterschrieben werden. Ist Ihnen das nicht möglich, kann ein Bevollmächtigter bzw. muss ein gerichtlich bestellter Betreuer unterschreiben. Der Grund für diese Empfehlung ist: Wer unterschreibt – bezahlt.

Wenn der Pflegedienst zusätzlich zu Ihrer Unterschrift weitere Unterschriften einfordert, z. B. von Ihren Kindern, sollten Sie das ablehnen. Andernfalls wird der Pflegedienst an Ihre Kinder mit einer Zahlungsaufforderung herantreten, sobald Sie eine Zahlung versäumt haben.

Was passiert, wenn der Zuschuss der Pflegekasse für Pflegesachleistungen nicht ausreicht?

Dann muss der Pflegebedürftige den Rest bezahlen.

Wenn Sie nicht dazu in der Lage sind, den Pflegedienst zu bezahlen, können Sie beim Sozialamt ergänzende Hilfe zur Pflege beantragen. Das Sozialamt prüft dann Ihre finanzielle Situation und die Ihrer Angehörigen. Es wird auch prüfen, ob die Pflegesachleistungen in dem von Ihnen gewünschten Umfang notwendig sind. Kommt das Sozialamt zu dem Ergebnis, dass ergänzende Hilfe zur Pflege notwendig ist, wird es die Kosten für den Pflegedienst übernehmen oder sich daran beteiligen.

8.

Löst eine Haushaltshilfe aus Osteuropa Ihre Probleme?

Beschäftigungsmöglichkeiten einer Haushaltshilfe

Seit dem 01.01.2014 dürfen Pflegekräfte und Haushaltshilfen aus osteuropäischen EU-Beitrittsländern in Deutschland beschäftigt werden, ohne dass vorher die Zustimmung der Bundesagentur für Arbeit eingeholt werden muss.

Vielleicht haben Sie Bekannte oder Verwandte, die eine Haushaltshilfe aus Osteuropa beschäftigen und damit sehr zufrieden sind. Vielleicht sind Sie aber auch durch Medien oder Anzeigen auf diese Möglichkeit aufmerksam geworden und überlegen jetzt, ob das auch für Sie eine gute Lösung wäre.

In den folgenden Abschnitten erfahren Sie, welche Unterstützung Sie von einer Haushaltshilfe oder Pflegekraft aus Osteuropa erwarten können. Sie erfahren, welche Beschäftigungsmöglichkeiten es gibt und worauf Sie dabei achten müssen.

Für Haushaltshilfen und Pflegekräfte aus diesen Ländern gilt die Arbeitnehmerfreizügigkeit

Seit dem 01.01.2014 können Haushaltshilfen und Pflegekräfte aus folgenden osteuropäischen EU-Beitrittsländern in Deutschland beschäftigt werden, ohne dass vorher die Bundesagentur für Arbeit zustimmen muss:

Bulgarien – Estland – Lettland – Litauen – Polen – Rumänien – Slowakei – Slowenien – Tschechien – Ungarn – Kroatien

So dürfen Haushaltshilfen und Pflegekräfte aus Osteuropa Sie unterstützen

Wenn Sie hoffen, dass Sie mit einer Haushaltshilfe oder Pflegekraft die komplette Pflege über 24 Stunden täglich absichern können, muss ich Sie enttäuschen.

Unabhängig davon, für welche der nachfolgend beschriebenen Beschäftigungsvarianten Sie sich entscheiden, gelten die Bedingungen des deutschen Arbeitszeitgesetzes. So darf z. B.

- die Arbeitszeit pro Tag bis zu acht Stunden betragen und
- pro Woche maximal 48 Stunden gearbeitet werden.

Haushaltshilfen oder Pflegekräfte aus Osteuropa dürfen folgende Tätigkeiten übernehmen:

- hauswirtschaftliche Versorgung
- allgemeine Betreuung und Beaufsichtigung
- Grundpflege

Sie sind darum trotz der Einschränkungen hinsichtlich ihrer Arbeitszeit in vielen Familien eine wertvolle Unterstützung. Vor allem die Tatsache, dass die Mehrzahl dieser Haushaltshilfen und Pflegekräfte direkt im Haushalt desjenigen lebt, der gepflegt wird, sorgt für eine flexible Leistung.

Wenn Sie zusätzlich von Ihrem Arzt Behandlungspflegen verordnet bekommen, müssen diese entweder von Ihren Angehörigen übernommen werden oder von einem in Deutschland anerkannten Pflegedienst.

Beschäftigungsvariante 1: Sie werden Arbeitgeber.

Arbeitnehmerfreizügigkeit bedeutet, dass Sie Haushaltshilfen und Pflegekräfte aus diesen Ländern selbst beschäftigen können. Sie werden dadurch zum Arbeitgeber und müssen sich selbstverständlich an das in Deutschland geltende Arbeitsrecht halten.

Dazu gehört neben den oben genannten Arbeitszeitvorgaben auch ein Urlaubsanspruch von mindestens 24 Werktagen pro Jahr. Hinsichtlich des Gehalts sind Sie bei der Beschäftigung einer Haushaltshilfe an den gesetzlichen Mindestlohn gebunden. Dieser liegt ab Januar 2024 bei 12,41 Euro pro Stunde.

Als Arbeitgeber sind Sie außerdem verpflichtet, Ihren Anteil an den Sozialversicherungsbeiträgen zu zahlen sowie Ihre Haushaltshilfe oder Pflegekraft bei der gesetzlichen Unfallversicherung anzumelden und entsprechend Beiträge zu bezahlen. Hinzu kommen Kosten für freie Kost und Logis der Haushaltshilfe oder Pflegekraft.

Alles in allem müssen Sie als Arbeitgeber mit monatlichen Kosten in Höhe von 2.100 Euro bis 3.600 Euro rechnen.

Wird Ihre angestellte Haushaltshilfe oder Pflegekraft krank, müssen Sie für bis zu sechs Wochen das vereinbarte Entgelt fortzahlen. Sie müssen auch selbst Ersatz organisieren.

> ***Praxis-Tipp:***
>
> *Diese Beschäftigungsvariante wird von der überwiegenden Zahl der Experten als die einzige Variante angesehen, mit der Sie rechtlich auf der sicheren Seite sind. Caritas Deutschland informiert im Internet unter https://www.caritas.de/hilfeundberatung/ratgeber/alter/pflege/haushaltshilfen-legal-beschaeftigen detailliert über die in diesem Zusammenhang zu klärenden Fragen und bietet zudem Unterstützung bei der Gewinnung von osteuropäischen Haushaltshilfen an und beim Abschluss des Arbeitsvertrags.*

Beschäftigungsvariante 2: Sie nehmen einen osteuropäischen Dienstleister in Anspruch.

Besonders in den deutschen Grenzregionen zu Polen und Tschechien liegt es nahe, dass Haushaltshilfen oder Pflegekräfte von polnischen oder tschechischen Unternehmen nach Deutschland entsandt werden.

Für Sie hat das den großen Vorteil, dass Sie sich um Dinge wie z. B.

- Sozialversicherung,
- Berufsgenossenschaft,
- Urlaubsansprüche,
- Gehaltsabwicklung und
- Ersatz im Krankheitsfall

nicht selbst kümmern müssen. Außerdem können Sie mit dem osteuropäischen Unternehmer vereinbaren, dass Sie die Haushaltshilfe oder Pflegekraft wechseln können, wenn Sie mit der entsandten Kraft nicht zurechtkommen oder mit ihrer Arbeit unzufrieden sind.

Auf diese Punkte müssen Sie achten, wenn Sie direkt mit einem osteuropäischen Unternehmer die Entsendung einer Haushaltshilfe oder Pflegekraft vereinbaren:

Das entsendende Unternehmen aus Osteuropa	Das Unternehmen muss in seinem Heimatland bereits selbst Dienstleistungen der Pflege und Betreuung erbringen.

Der Dienstleistungsvertrag

Im Dienstleistungsvertrag sind Ort, Inhalt und Zeiten der zu erbringenden Leistung zu regeln. Zudem empfiehlt sich die Vereinbarung einer Kündigungsfrist sowie eine Klausel, nach welcher der Vertrag mit dem Tod des Gepflegten automatisch endet.

Das Weisungsrecht

Das Weisungsrecht für die entsandte Haushaltshilfe oder Pflegekraft liegt beim entsendenden Unternehmen. Das bedeutet, dass Sie Änderungswünsche hinsichtlich der im Dienstleistungsvertrag vereinbarten Inhalte mit dem osteuropäischen Unternehmen besprechen und vereinbaren müssen.

Die entsandte Haushaltshilfe oder Pflegekraft

Bereits vor der Entsendung sowie auch nach Ende der Entsendung muss zwischen dem osteuropäischen Unternehmen und der entsandten Haushaltshilfe oder Pflegekraft ein Arbeitsvertrag bestanden haben bzw. fortbestehen. (Andernfalls besteht der Verdacht, dass es sich bei dem Unternehmen nur um ein vermittelndes Unternehmen ohne eigenen Tätigkeitsschwerpunkt in der Pflege und Betreuung handelt.)

Die Kosten

Zu den Kosten für freie Kost und Unterkunft der entsandten Haushaltshilfe oder Pflegekraft kommen die Kosten für die Entsendung an sich.
Zu beachten ist, dass auch entsandte Haushaltshilfen/Pflegekräfte Anspruch auf den gesetzlichen Mindestlohn haben. Dieser liegt ab Januar 2024 bei 12,41 Euro pro Stunde. Diese Kosten bewegen sich darum je nach vereinbarter Arbeitszeit und Qualifikation zwischen 1.800 Euro und 3600 Euro pro Monat.
Aber: Das gilt nur, wenn die entsandte Kraft tatsächlich nur im Umfang der vertraglich vereinbarten Arbeitszeit von z. B. 35 Stunden pro Woche tätig ist. Muss sie sich darüber hinaus bereithalten, um bei Bedarf jederzeit zu Hilfe zu kommen, hat sie auch für diese Bereitschaftszeiten Anspruch auf den gesetzlichen Mindestlohn.

Die Sozialversicherung	Lassen Sie sich **vor Beginn der Arbeitsaufnahme** unbedingt die **Bescheinigung A1** vorlegen. Damit wird bescheinigt, dass die entsandte Haushaltshilfe oder Pflegekraft in ihrem Herkunftsland sozialversichert ist.

Grundsätzlich gilt, dass so entsandte Haushaltshilfen oder Pflegekräfte längstens für 24 Monate in Ihrem Haushalt beschäftigt sein dürfen. In der Praxis wird diese Grenze jedoch so gut wie nie erreicht, da die Entsendung nur für drei bis sechs zusammenhängende Monate erfolgt und danach eine andere Haushaltshilfe oder Pflegekraft entsandt wird.

Beschäftigungsvariante 3: Sie beauftragen eine Vermittlungsagentur.

Diese Variante nehmen die meisten Pflegehaushalte in Anspruch, bei denen eine Haushaltshilfe oder Pflegekraft aus Osteuropa arbeitet.

8

Die Vermittlungsagenturen sind in Deutschland ansässig und arbeiten mit osteuropäischen Unternehmen zusammen. Die Dienstleistung der Vermittlungsagentur beinhaltet in der Regel:

- die Beratung des Pflegebedürftigen und dessen Angehörigen zum Bedarf und den Möglichkeiten des Einsatzes osteuropäischer Haushaltshilfen oder Pflegekräfte
- Auswahl geeigneter Haushaltshilfen oder Pflegekräfte in Abstimmung mit Ihnen
- die Vermittlung eines Entsendevertrags mit einem osteuropäischen Unternehmen, wie bei Variante 2 erläutert
- Leistungen für die entsandten Haushaltshilfen oder Pflegekräfte, z. B. Sprachkurse, Treffen mit anderen aus diesem Land entsandten Kräften
- die Unterstützung bei der Klärung von Problemen mit den entsandten Kräften und/oder dem entsendenden Unternehmen

Die Vorteile, mit einer deutschen Vermittlungsagentur zusammenzuarbeiten, können sich also durchaus sehen lassen. Gerade im Streitfall kann es hilfreich sein, einen kompetenten Ansprechpartner vor Ort zu haben.

Diese Vorteile sind natürlich nicht kostenlos. Die Kosten pro Monat bewegen sich inklusive der Kosten für die entsandte Haushaltshilfe oder Pflegekraft bei dieser Variante zwischen 1.600 Euro und 3.000 Euro. Wie bei Variante 2 beschrieben, hat die entsandte und vermittelte Pflegekraft auch hier Anspruch auf den gesetzlichen Mindestlohn, und zwar auch für Zeiten, in denen sie sich ständig einsatzbereit halten muss, um bei Bedarf direkt verfügbar zu sein.

Beschäftigungsvariante 4: Sie beauftragen eine freiberuflich tätige Haushaltshilfe oder Pflegekraft.

Wie in Deutschland auch, gibt es in den osteuropäischen EU-Beitrittsländern Haushaltshilfen und Pflegekräfte, die auf eigene Rechnung arbeiten. Es handelt sich dabei um Einzelunternehmer.

Das vereinfacht einerseits die Beschäftigung. Als Einzelunternehmer sind diese Haushaltshilfen oder Pflegekräfte z. B. hinsichtlich der Preisgestaltung, der Arbeitszeit sowie der sonstigen Konditionen zunächst nur sich selbst gegenüber verpflichtet.

Andererseits sind diese Einzelunternehmer für mehrere Monate nur in einem Haushalt beschäftigt. Dadurch entsteht sehr leicht das Problem der Scheinselbstständigkeit, das immer wieder deutsche Sozialversicherungsträger wie Krankenkassen oder Rentenversicherungsträger auf den Plan ruft. Wird dann tatsächlich eine Scheinselbstständigkeit festgestellt, müssen Sie Sozialversicherungsbeiträge in erheblichem Umfang nachzahlen und zudem rückwirkend eine Vergütung in Höhe des gesetzlichen Mindestlohns.

Was bezahlt die Pflegekasse?

Die Kosten für osteuropäische Haushaltshilfen und Pflegekräfte hängen im Wesentlichen davon ab, wie qualifiziert die eingesetzte Kraft sein muss und über welche Deutschkenntnisse sie verfügt.

Wie aber ist das mit der Bezahlung durch die Pflegekasse?

Die Pflegekasse bezahlt ab Pflegegrad 2 pro Monat das Pflegegeld. Die Höhe des Pflegegeldes hängt vom festgestellten Pflegegrad ab (vgl. Abschnitt „So wird der Pflegegrad berechnet“).

Das Pflegegeld dient dazu, selbst beschafften Pflegepersonen oder anderen ehrenamtlich Pflegenden eine Anerkennung zu zahlen. Obwohl osteuropäische Haushaltshilfen oder Pflegekräfte natürlich nicht ehrenamtlich pflegen, gehören sie zu den selbst beschafften Pflegekräften, die über das Pflegegeld zu bezahlen sind. Das erscheint ungerecht, weil diese Haushaltshilfen und Pflegekräfte in vielen Pflegehaushalten wertvolle Hilfe leisten. Andererseits sind sie keinen Qualitätsvorgaben unterworfen wie die in Deutschland anerkannten Pflegedienste.

Vorstöße in Richtung einer finanziellen Gleichbehandlung wurden vom Gesetzgeber stets mit Hinweis auf diesen Punkt abgelehnt.

Beispiel:

Diese Kosten für die osteuropäische Haushaltshilfe oder Pflegekraft wären nach Abzug des Pflegegeldes nicht gedeckt. (Diesem Beispiel liegen die monatlichen Kosten für die gängigste Beschäftigungsvariante 3 in Höhe von 1.800 Euro bis 3.600 Euro pro Monat zugrunde.)

Pflegegrad	Pflegegeld pro Monat ab 01.01.2024	Nicht gedeckt
1	0 €	1.800 € bis 3.600 €
2	332 €	1.468 € bis 3.268 €
3	573 €	1.227 € bis 3.027 €
4	765 €	1.035 € bis 2.835 €
5	947 €	853 € bis 2.653 €

Kosten im Vergleich zur Beauftragung eines Pflegedienstes

Im Gegensatz zur „Anerkennung" der Leistung osteuropäischer Haushaltshilfen und Pflegekräfte über das Pflegegeld beteiligt sich die Pflegekasse bei der Beauftragung eines von ihr vertraglich anerkannten Pflegedienstes bis zur Höhe der Leistungspauschale an der Pflegesachleistung (Abschnitt „Pflegesachleistung").

Auch diese Pflegedienste bieten 24-Stunden-Betreuung an. Die Kosten dafür reichen von 6.000 Euro bis 12.000 Euro monatlich.

Beispiel:

So hoch wäre Ihr Eigenanteil, wenn Sie einen Pflegedienst mit einer 24-Stunden-Betreuung beauftragen. (Der Berechnung Ihres Eigenanteils liegen die niedrigsten Kosten für die Beauftragung eines Pflegedienstes mit einer 24-Stunden-Betreuung in Höhe von 6.000 Euro zugrunde.)

Pflegegrad	Zuschuss der Pflegekasse zur Pflegesachleistung pro Monat ab 01.01.2024	Nicht gedeckt
1	0 €	6.000 €
2	761 €	5.239 €
3	1.432 €	4.568 €
4	1.778 €	4.222 €
5	2.200 €	3.800 €

Die Zahlen belegen eindeutig, dass der von Ihnen zu zahlende Eigenanteil selbst dann wesentlich höher wäre, wenn man nur von den niedrigsten monatlichen Kosten für die Beauftragung eines Pflegedienstes für eine 24-Stunden-Betreuung ausgeht. 8

Aber — und das sollten auch Sie sich genau überlegen:

Muss wirklich jemand für 24 Stunden verfügbar sein?

Wenn das nicht so ist, rechnen Sie genau nach.

Vergleichen Sie den Eigenanteil, den Sie bei einem Pflegedienst zu bezahlen hätten, mit dem Eigenanteil, den Sie bei der Beauftragung einer osteuropäischen Haushaltshilfe oder Pflegekraft hätten.

Ziehen Sie dazu die Ihnen zustehende Leistungspauschale für die Pflegesachleistung von dem Betrag ab, der im Kostenvoranschlag des Pflegedienstes für die von Ihnen gewünschte Pflege ausgewiesen ist.

Zum Vergleich ziehen Sie von den monatlichen Kosten für die osteuropäische Haushaltshilfe oder Pflegekraft das Ihnen zustehende Pflegegeld ab.

9.

Mit dem Persönlichen Budget die Pflege selbst in die Hand nehmen

Was ist das Persönliche Budget?

Mit dem Persönlichen Budget können Menschen mit Behinderung (siehe Abschnitt „Schwerbehinderung und Nachteilsausgleiche") oder von Behinderung bedrohte Menschen anstelle der festgesetzten Sachleistungen der unterschiedlichen Leistungsträger Geld erhalten. Mit diesem Geld können Sie frei entscheiden, bei wem und welche Leistungen sie einkaufen, um ihre Versorgung und Teilhabe sicherzustellen.

Eine Ausnahme bilden hier die Pflegesachleistungen der Pflegekasse und der Leistungsanspruch auf teilstationäre Pflege gegenüber der Pflegekasse. Diese Beträge werden nicht in Form von Geld ausgezahlt. Der Antragsteller bekommt im Rahmen des Persönlichen Budgets lediglich Gutscheine, die er nur bei entsprechend von der Pflegekasse zugelassenen Pflegediensten und Tages- oder Nachtpflegeeinrichtungen einlösen kann.

Welche Leistungsträger können am Persönlichen Budget beteiligt werden?

Am Persönlichen Budget können diese Leistungsträger beteiligt sein:

- Krankenkasse
- Pflegekasse
- Rentenversicherungsträger
- Unfallversicherungsträger
- Träger der Alterssicherung der Landwirte
- Träger der Kriegsopferversorgung/-fürsorge
- Jugendhilfeträger
- Sozialhilfeträger
- Integrationsamt
- Bundesagentur für Arbeit

Wie wird das Persönliche Budget beantragt?

Wie bei allen Sozialleistungen können Sie das Persönliche Budget zunächst formlos bei einem der zuvor genannten Leistungsträger beantragen. Sinnvoll ist es, den Antrag bei dem Leistungsträger zu stellen, der den „Löwenanteil" zum Persönlichen Budget beitragen soll. Bei mehreren Leistungsträgern hat dieser dann das Heft in der Hand und muss die ggf. von Ihnen gewünschte Beteiligung der weiteren Leistungsträger koordinieren.

Wie hoch ist das Persönliche Budget?

Falls Sie nun beim Beispiel der außerklinischen Intensivpflege dachten, dass Sie als Persönliches Budget eins zu eins den Betrag ausgezahlt bekommen, den die Krankenkasse bislang für diese Leistung an den Pflegedienst zahlt, muss ich Sie leider enttäuschen.

Zwar darf das Persönliche Budget maximal die Höhe haben, in der die oben genannten Leistungsträger – im Beispiel die Krankenkasse – für die Leistung bezahlt haben. Allerdings darf das Persönliche Budget nur den individuell für Sie festgestellten Bedarf decken, und das ist in der Regel weniger, als für die Bezahlung professioneller Dienstleister wie z. B. eines Pflegedienstes erforderlich ist.

> ***Praxis-Tipp:***
>
> *Wenn Sie aufgrund Ihrer Behinderung nicht dazu in der Lage sind, sich selbst um die Formalitäten und die Organisation des Persönlichen Budgets und zur Beschäftigung der bei Ihnen tätigen Mitarbeiter/Dienstleister zu kümmern, können Sie dafür Hilfe in Anspruch nehmen. Die Aufwendungen für diese Hilfe sind bei der Höhe des Persönlichen Budgets zu berücksichtigen.*

Wo finde ich Hilfe für die Beantragung?

Grundsätzlich muss jeder Leistungsträger Sie zum Persönlichen Budget beraten. Aber: Wie hoch der individuelle Bedarf ist und wie viel Geld Sie als Persönliches Budget zur Verfügung haben, muss mit den beteiligten Leistungsträgern ausgehandelt werden. Sinnvoller als die Beratung durch einen Leistungsträger ist darum die Beratung durch eine unabhängige Stelle, die Ihnen in den Verhandlungen mit den Leistungsträgern zur Seite steht und Ihre Interessen vertritt.

Praxis-Tipp:

Eine solche unabhängige Beratung bieten die Beratungsstellen der Ergänzenden unabhängigen Teilhabeberatung (EUTB). Unter https://www.teilhabeberatung.de finden Sie dazu alle Informationen und die Adresse einer Beratungsstelle in Ihrer Nähe.

Muss die Verwendung des Persönlichen Budgets nachgewiesen werden?

Im Ergebnis der oben genannten Aushandlung Ihres individuellen Bedarfs schließen Sie mit den beteiligten Leistungsträgern eine Zielvereinbarung ab. In dieser stehen mindestens die

- Ausrichtung der individuellen Förder- und Leistungsziele,
- Vorgaben zum Nachweis, wie der individuell festgestellte Bedarf mit dem Persönlichen Budget gedeckt wird (der Grundsatz an die vorzulegenden Nachweise lautet: so wenig wie möglich, so viel wie nötig),
- Maßnahmen zur Qualitätssicherung sowie
- Höhe der vom jeweiligen Leistungsträger zu tragenden Teilbudgets und des Gesamtbudgets.

Praxis-Tipp:

Werden als Persönliches Budget ausschließlich Leistungen der Pflegekasse in Anspruch genommen, muss keine Zielvereinbarung abgeschlossen werden. Die Zielvereinbarung wird in der Regel nur für einen bestimmten Zeitraum geschlossen. Hierzu sieht das Gesetz vor, dass das Bedarfsermittlungsverfahren, also das Verfahren, bei dem Ihr individueller Bedarf ermittelt wird, alle zwei Jahre zu wiederholen ist. Nur in begründeten Ausnahmen kann von dieser zeitlichen Vorgabe abgewichen werden.

Kann das Persönliche Budget gekündigt werden?

Die Leistungsträger sind für die Dauer von sechs Monaten an ihre Entscheidung zu dem von ihnen zu leistenden Teilbudget gebunden. Aber: Aus wichtigem Grund kann die Zielvereinbarung von jedem Vereinbarungspartner mit sofortiger Wirkung schriftlich gekündigt werden, wenn ihm die Fortführung des Persönlichen Budgets nicht zugemutet werden kann. Vereinbarungspartner sind Sie als sogenannter Budgetnehmer auf der einen Seite und die beteiligten Leistungsträger auf der anderen Seite.

Für Sie als Budgetnehmer kann ein solcher Grund z. B. vorliegen, wenn sich Ihre Lebenssituation so geändert hat, dass eine Fortführung des Persönlichen Budgets für Sie unzumutbar ist.

Für die Leistungsträger kann ein solcher Grund z. B. vorliegen, wenn Sie die Zielvereinbarung verletzen, z. B. die vereinbarten Nachweise zur Bedarfsdeckung und Qualitätssicherung versäumen bzw. diese verweigern.

10.

Oder doch besser ins Pflegeheim?

Wie finde ich ein geeignetes Pflegeheim?

Auch wenn sich sicherlich fast jeder Pflegebedürftige wünscht, bis zu seinem Lebensende zu Hause in der gewohnten Umgebung bleiben zu können, so ist dies leider nicht immer möglich. Unter Umständen muss sogar kurzfristig ein Pflegeplatz gesucht werden.

Aus eigener Erfahrung weiß ich, wie schwierig es ist, wenn ein Pflegeplatz binnen weniger Tage benötigt wird. Eine Unterstützung bei der Suche nach einem Pflegeplatz in einem Pflegeheim erhalten Angehörige durch die Sozialberatung oder den Sozialdienst (Sozialen Dienst), wenn der Pflegebedürftige sich aktuell stationär in einem Krankenhaus aufhält.

Die folgende Checkliste kann Ihnen dabei helfen, mehrere Pflegeheime miteinander zu vergleichen. Die Gewichtung der einzelnen Fragen liegt natürlich an Ihnen. Gerne kann die Checkliste durch Ihre ganz persönlichen Fragen ergänzt werden.

Checkliste Pflegeheim

Meine Fragen	Pflegeheim A	Pflegeheim B	Pflegeheim C	Erwünschte Antwort
Können meine Angehörigen, Freunde, Bekannten mich ohne Schwierigkeiten, wie z. B. fehlende Parkplätze, besuchen?				Ja
Kann ich trotz meiner Beeinträchtigungen z. B. mit dem Rollator Geschäfte, Apotheken oder Ärzte gut erreichen?				Ja
Gefällt mir das Pflegeheim von außen und die unmittelbare Umgebung, z. B. Garten?				Ja

Meine Fragen	**Pflegeheim A**	**Pflegeheim B**	**Pflegeheim C**	**Erwünschte Antwort**
Habe ich einen guten Eindruck beim Betreten des Pflegeheims?				Ja
Werde ich freundlich empfangen und durch die Einrichtung geführt?				Ja
Nimmt sich der Mitarbeiter, der mir die Einrichtung zeigt, Zeit für meine Fragen?				Ja
Kann ich, wenn ich möchte, mit Bewohnern sprechen?				Ja
Sind diese mit dem Pflegeheim zufrieden?				Ja
Entspricht die technische Ausstattung des Pflegeheims der, die ich bei meinen Beeinträchtigungen benötige, z. B. Lift, Hinweise für eine einfache Orientierung, Sanitärbereich?				Ja
Haben die Zimmer eine Klimaanlage?				Ja (In den meisten Pflegeheimen werden Sie auf diese Frage noch ein Nein hören – leider.)
Kann ich private Möbel und persönliche Erinnerungsstücke mitbringen, und, falls ja, wie viele?				Ja, maximal …

Meine Fragen	Pflegeheim A	Pflegeheim B	Pflegeheim C	Erwünschte Antwort
Entsprechen Größe, Ausstattung und Belegung der Zimmer meinen Vorstellungen?				Ja
Kann ich frei entscheiden, wann ich aufstehe, esse und zu Bett gehe?				Ja
Kann ich auch außerhalb der üblichen Mahlzeiten Essen und Trinken bekommen?				Ja
Entspricht das Angebot an Speisen und Getränken meinen Wünschen und werden ggf. notwendige Diäten bereitgestellt?				Ja
Entsprechen die angebotenen Beschäftigungsaktivitäten meinen Vorstellungen?				Ja
Haben ich und meine Angehörigen einen festen Ansprechpartner für Fragen und Wünsche zur Pflege?				Ja
Werden bei der Pflege und Betreuung meine Wünsche und Bedürfnisse berücksichtigt?				Ja
Machen die Pflege- und Betreuungskräfte auf mich einen kompetenten Eindruck?				Ja

Meine Fragen	Pflegeheim A	Pflegeheim B	Pflegeheim C	Erwünschte Antwort
Arbeitet das Pflegeheim mit Haus- und Fachärzten zusammen, die in das Pflegeheim kommen?				Ja
Unterstützt mich das Pflegeheim, wenn ich weiter zu meinen bisherigen Ärzten gehen will?				Ja
Bietet das Pflegeheim zusätzliche Dienstleistungen an, wie z. B. Friseur, Fußpflege?				Ja
Muss ich für alltägliche Serviceleistungen extra bezahlen, wie z. B. Wäscheservice, Getränke außerhalb der üblichen Mahlzeiten?				Nein
Gibt es Möglichkeiten, bei besonderen Bedarfslagen wie z. B. Demenz Extraangebote zu nutzen, z. B. bei nächtlicher Unruhe?				Ja
Ist das Personal für den Umgang von Bewohnern mit Demenz ausgebildet?				Ja
Wurden mir die Leistungen und Kosten verständlich erklärt?				Ja
Wurde ich umfassend und verständlich zu Finanzierungsmöglichkeiten beraten?				Ja

Meine Fragen	Pflegeheim A	Pflegeheim B	Pflegeheim C	Erwünschte Antwort
Was muss ich pro Monat bezahlen?				

Welche Leistungen bietet ein Pflegeheim?

Ein Pflegeheim ist eine vollstationäre Pflegeeinrichtung, in der Sie Tag und Nacht wohnen und versorgt werden.

In einem Pflegeheim bekommen Sie diese Leistungen:

- körperbezogene Pflegemaßnahmen, dazu gehören z. B. Hilfe beim Aufstehen, Setzen, Hinlegen, Treppensteigen, Waschen, An- und Auskleiden, Toilettengang bzw. Wechseln von Vorlagen oder Windeln, Zerteilen von Lebensmitteln in mundgerechte Bissen, Essen und Trinken
- pflegerische Betreuungsleistungen, dazu gehören z. B. Basteln, Singen, Kochen, Backen, Spaziergänge, Ratespiele, Gymnastik
- Behandlungspflege wie z. B. Medikamente geben, Insulin spritzen, Blutzucker messen, Wundverbände anlegen und wechseln, Kompressionsstrümpfe an- und ausziehen
- ggf. zusätzliche Betreuung nach § 43b SGB XI, wenn diese mit den Pflegekassen vereinbart wurde

Zudem haben Sie im Pflegeheim einen Platz in einem Ein- oder Mehrbettzimmer. Der Anbieter stellt das erforderliche Mobiliar wie z. B. ein Pflegebett inkl. Bettzeug und Bettwäsche zur Verfügung. Da Sie praktisch im Pflegeheim leben, ist es oft möglich, eigene Möbelstücke mitzubringen. Das ist allerdings auf wenige Möbel begrenzt.

Das Personal kümmert sich während Ihres Aufenthalts auch um das Waschen der Bettwäsche und Handtücher, die Reinigung von Zimmern und Gemeinschaftsräumen sowie Ihre persönliche Wäsche. Zudem erhalten Sie im Pflegeheim pro Tag mehrere Mahlzeiten und Getränke, also eine Vollverpflegung.

Wahlleistungen sind möglich, wie z. B. private Telefonate oder die Nutzung des TV-Geräts im Zimmer.

Was darf das Pflegeheim berechnen?

Für jeden Tag, den Sie in einem Pflegeheim sind, darf der Anbieter berechnen:

- den mit den Pflegekassen vereinbarten Pflegesatz ggf. inkl. Ausbildungsumlage
- die mit den Pflegekassen vereinbarte Vergütung für Unterkunft
- die mit den Pflegekassen vereinbarte Vergütung für Verpflegung
- Investitionskosten
- ggf. vereinbarte Wahlleistungen

Wie beteiligt sich die Pflegekasse an den Kosten?

Ab dem Pflegegrad 2 rechnet das Pflegeheim den Pflegesatz direkt mit der Pflegekasse ab. Die Pflegekasse bezahlt die Kosten des Pflegesatzes. Wie viel die Pflegekasse pro Monat maximal bezahlt, hängt vom Pflegegrad ab. Sehen Sie hier die Beträge je Pflegegrad:

Pflegegrad 2	770 € pro Monat
Pflegegrad 3	1.262 € pro Monat
Pflegegrad 4	1.775 € pro Monat
Pflegegrad 5	2.005 € pro Monat

Zusätzlich zahlt die Pflegekasse ab Pflegegrad 2 pro Monat einen Zuschuss zu dem von Ihnen zu zahlenden einrichtungseinheitlichen Eigenanteil für die pflegebedingten Aufwendungen. Dieser Zuschuss wird direkt an das Pflegeheim gezahlt. Wie hoch der Zuschuss ist, hängt zum einen von der Höhe des einrichtungseinheitlichen Eigenanteils für die pflegebedingten Aufwendungen im jeweiligen Pflegeheim ab und davon, wie viele Monate Sie bisher Leistungen der vollstationären Pflege in Anspruch genommen haben. Ab dem 01.01.2024 werden folgende Zuschüsse gezahlt:

15 % vom 1. bis 12. Monat (5% bis 31.12.2023)
30 % vom 13. bis 24. Monat (25% bis 31.12.2023)
50 % vom 25. bis 36. Monat (45% bis 31.12.2023)
75 % ab dem 37. Monat (70% bis 31.12.2023)

Was muss der Pflegebedürftige bezahlen?

Ab Pflegegrad 2 müssen Pflegebedürftige bezahlen:

- einrichtungseinheitliche Eigenanteil
- Unterkunft
- Verpflegung
- Investitionskosten
- ggf. vereinbarte Wahlleistungen

Was ist der einrichtungseinheitliche Eigenanteil?

Den einrichtungseinheitlichen Eigenanteil gibt es seit dem 01.01.2017. Er wird zwischen den Pflegekassen und dem Anbieter vereinbart und ist von allen Bewohnern eines Pflegeheims mit den Pflegegraden 2 bis 5 zu zahlen.

Der einrichtungseinheitliche Eigenanteil berücksichtigt nur die pflegebedingten Aufwendungen. Das sind die Kosten für:

- körperbezogene Pflegemaßnahmen
- pflegerische Betreuung
- Behandlungspflege

Der einrichtungseinheitliche Eigenanteil ist für alle Bewohner mit den Pflegegraden 2 bis 5 eines Pflegeheimes gleich hoch.

Welche Besonderheiten gelten für Pflegegrad 1?

Auch für Menschen mit Pflegegrad 1 gibt es einen Pflegesatz, der mit den Pflegekassen vereinbart wurde. Für Sie zahlt die Pflegekasse pro Monat einen Zuschuss in Höhe von 125 Euro.

Wird der Zuschuss der Pflegekasse vom einrichtungseinheitlichen Eigenanteil abgezogen?

Nein. Der Zuschuss der Pflegekasse wird für den einrichtungseinheitlichen Eigenanteil bereits verrechnet.

Weshalb müssen Kosten für Unterkunft und zusätzlich Investitionskosten bezahlt werden?

Mit der Unterkunft bezahlen Sie die laufenden Betriebskosten des Pflegeheims. Dazu gehören z. B.:

- Verbrauch an Strom, Wasser, Heizung
- Reinigung der von den Bewohnern genutzten Räume
- Waschen der vom Pflegeheim zur Verfügung gestellten Wäsche
- Waschen Ihrer persönlichen Wäsche

Mit den Investitionskosten bezahlen Sie dagegen z. B. diese Kosten:

- Aufwand des Anbieters, um das Pflegeheim zu bauen, z. B. Kosten für Zinsen und Tilgung der dazu notwendigen Kredite
- Instandhaltung von Technik und Gebäuden
- Anschaffungskosten für Ausstattung z. B. mit Pflegebetten

Verglichen mit einer Wohnungsmiete könnte man

- Kosten für Unterkunft mit der Betriebskostenvorauszahlung und
- Investitionskosten mit der Kaltmiete

gleichsetzen.

Der Hauptunterschied zur Wohnungsmiete besteht darin, dass diese nur für die Wohnung gezahlt wird. Die im Pflegeheim berechneten Kosten ergeben sich jedoch sowohl aus den Kosten für das von Ihnen genutzte Zimmer als auch den Kosten für die von allen Bewohnern gemeinsam genutzten Räume.

Wird der Pflegekassenzuschuss für das Pflegeheim auf das Pflegegeld angerechnet?

Sobald Sie in ein Pflegeheim einziehen, endet Ihr Anspruch auf Pflegegeld.

Woher erfährt der Pflegebedürftige, was er bezahlen muss?

Bevor Sie sich für ein Pflegeheim entscheiden, muss Ihnen der Anbieter erklären,

- welche Leistungen das Pflegeheim anbietet,
- wie Ihre Unterkunft aussehen wird,

- ob Sie eigene Möbel mitbringen können,
- wie das Gebäude ausgestattet ist,
- wie das Pflegeheim bei der letzten Qualitätsprüfung durch die Pflegekassen abgeschnitten hat,
- welche Kosten Ihnen entstehen und
- wann und wie der Anbieter die Preise erhöhen darf.

Nachlesen können Sie das in § 3 des Wohn- und Betreuungsvertragsgesetzes (WBVG).

Wenn Sie sich für das Pflegeheim entschieden haben, ist der Anbieter verpflichtet, mit Ihnen einen schriftlichen Vertrag zu schließen. Was in diesem Vertrag stehen muss, ist in § 6 WBVG geregelt. Danach muss der Vertrag mindestens enthalten:

- eine Beschreibung der vereinbarten Leistungen nach Art, Inhalt und Umfang
- die von Ihnen für diese Leistungen jeweils zu zahlenden Preise
- die zusätzlich von Ihnen zu zahlenden Investitionskosten
- Hinweise, wie und wo Sie sich bei Bedarf über das Pflegeheim beschweren können
- Informationen, wann und wie der Anbieter Preise erhöhen darf und welche Rechte Sie dann haben

10 Darf das Pflegeheim die Preise einfach so erhöhen?

Das Pflegeheim darf die Preise nicht „einfach so“ erhöhen. Es muss dazu einen wichtigen Grund haben. Nach den Vorgaben des WBVG darf der Anbieter die Preise erhöhen, wenn sich die Grundlage, auf der er sie kalkuliert hat, ändert.

Das ist z. B. dann so, wenn der Anbieter mit den Pflegekassen eine neue Pflegesatzvereinbarung geschlossen hat. Der Anbieter ist verpflichtet, Sie spätestens vier Wochen vor dem Tag, ab dem er höhere Preise berechnen will, schriftlich zu informieren. Diese Information muss z. B. beinhalten:

- Begründung, weshalb sich die Preise ändern
- Zeitpunkt, ab dem die neuen Preise berechnet werden sollen

- für jede Leistung eine Gegenüberstellung der bisher von Ihnen gezahlten Preise und der neuen Preise

Welche Rechte haben Bewohner bei einer Preiserhöhung?

Der Anbieter muss Ihnen Gelegenheit geben, die Begründung der Preiserhöhung zu prüfen. Dazu muss er Ihnen Einsicht in die Kalkulationsunterlagen gewähren. So sieht es das WBVG vor.

Aber: Das bedeutet nicht, dass der Anbieter Ihnen die Kalkulationsunterlagen in Kopie geben muss. Ist der Anbieter bundesweit tätig, befinden sich Kalkulationsunterlagen oft nicht im Pflegeheim, sondern in der Zentrale oder Hauptverwaltung des Unternehmens. Das erschwert die Einsichtnahme in die Kalkulationsunterlagen.

Wenn Sie mit der Preiserhöhung nicht einverstanden sind, haben Sie ein Sonderkündigungsrecht. Sie können den Vertrag mit dem Pflegeheim dann zu dem Zeitpunkt kündigen, ab dem erhöhte Preise berechnet werden sollen.

Kann der Entlastungsbetrag für das Pflegeheim verwendet werden?

Nein. Ab dem Tag, an dem Sie in das Pflegeheim einziehen, haben Sie keinen Anspruch auf den Entlastungsbetrag nach § 45b SGB XI mehr.

11.

Ambulant betreute Wohngemeinschaften

Voraussetzungen für ambulant betreute Wohngemeinschaften

Ambulant betreute Wohngruppen bieten Pflegebedürftigen, die nicht mehr in ihrem eigenen Haushalt leben können, eine Alternative zur Unterbringung im Pflegeheim. Außerdem ermöglichen ambulant betreute Wohngruppen den Verbleib im eigenen Viertel bzw. Wohnquartier. Dadurch können die bisherigen sozialen Kontakte besser aufrechterhalten werden, als dies bei einer Unterbringung in einem Pflegeheim normalerweise möglich ist.

Damit eine Wohngemeinschaft von den Pflegekassen als ambulant betreute Wohngruppe anerkannt wird, müssen diese Voraussetzungen erfüllt sein:

- Die Wohngruppe muss den Zweck haben, die Pflege gemeinsam zu organisieren.
- Der Anbieter bzw. der Vermieter darf keine zusätzlichen Leistungen anbieten, die letzten Endes dazu führen, dass die Wohngruppe praktisch ein kleines Pflegeheim oder eine Tages- oder Nachtpflegeeinrichtung wird.
- Es dürfen maximal zwölf Personen in der Wohngruppe leben. Davon müssen mindestens drei Personen Anspruch auf Leistungen der Pflegeversicherung haben (Pflegegrad 1 reicht aus).
- Die Pflegekasse zahlt jeder Person, die Anspruch auf Leistungen der Pflegeversicherung hat, monatlich einen Betrag in Höhe von **214 Euro**. Damit können die Mitglieder der Wohngruppe gemeinsam eine Person beauftragen und bezahlen, die allgemeine organisatorische, verwaltende, betreuende oder das Gemeinschaftsleben fördernde Tätigkeiten übernimmt oder hauswirtschaftliche Unterstützung gibt. Das heißt im Umkehrschluss: Wird keine solche Person beauftragt oder wird der Auftrag nicht gemeinsam erteilt, zahlt die Pflegekasse die **214 Euro** pro Monat nicht.
- Die Pflegekasse darf die Einhaltung dieser Voraussetzungen kontrollieren. Dazu kann Sie von Ihnen folgende Unterlagen anfordern:
  - eine formlose Bestätigung von Ihnen, dass die genannten Voraussetzungen erfüllt sind

11

- die Adresse und das Gründungsdatum der Wohngruppe
- den Mietvertrag einschließlich eines Grundrisses der Wohnung
- den Pflegevertrag nach § 120 SGB XI
- Vorname, Name, Anschrift und Telefonnummer sowie Unterschrift der Person, die von den Wohngruppenmitgliedern gemeinsam beauftragt wurde für organisatorische, verwaltende, betreuende oder das Gemeinschaftsleben fördernde Tätigkeiten

> ***Praxis-Tipp:***
>
> *Übernimmt ein ambulanter Pflegedienst die pflegerische Versorgung der Wohngruppenmitglieder, die Anspruch auf Pflegesachleistungen haben, also der Wohngruppenmitglieder mit mindestens Pflegegrad 2, können diese Leistungen „gepoolt" werden. Der Pflegedienst rechnet dann z. B. die Leistung „Einkaufen" nicht für jeden dieser Bewohner extra ab, sondern für alle dieser Bewohner gemeinsam. Dafür sehen die Vergütungsvereinbarungen zwischen Pflegekassen und Pflegediensten in der Regel Extrapreise vor, mit denen die betreffenden Bewohner sparen können.*

Für die individuelle Anpassung des Wohnumfelds steht den Wohngruppenmitgliedern mit Pflegegrad der Zuschuss für wohnumfeldverbessernde Maßnahmen in Höhe von jeweils bis zu **4.000 Euro** je Maßnahme zur Verfügung. Die Zuschusshöhe in der Wohngruppe ist auf maximal 16.000 Euro pro Maßnahme begrenzt.

Hinzukommt eine zeitlich begrenzt verfügbare Anschubförderung für ambulant betreute Wohngruppen – ein zusätzlicher Betrag in Höhe von **2.500 Euro**, der für die Anpassung der genutzten Wohnung von jedem Pflegebedürftigen in Anspruch genommen werden kann. Leben mehr als vier Pflegebedürftige in der ambulant betreuten Wohngruppe, ist diese Anschubfinanzierung auf insgesamt 10.000 Euro begrenzt. Die Anschubfinanzierung kann nur einmal beantragt werden.

> ***Praxis-Tipp:***
>
> *Pflegebedürftige Bewohner von ambulant betreuten Wohngruppen können nur dann eine Tages- oder Nachtpflegeeinrichtung (siehe Abschnitt „Tages- und Nachtpflege") besuchen, wenn der Medizinische Dienst der Krankenver-*

sicherung feststellt, dass die Pflege in der ambulant betreuten Wohngruppe ohne die Tages- oder Nachtpflege nicht sichergestellt ist. Aus der Praxis ist mir bislang kein Fall bekannt, in dem eine Pflegekasse den Besuch einer Tagespflegeeinrichtung abgelehnt hat, weil der Pflegebedürftige in einer ambulant betreuten Wohngruppe lebt.

Wer kann eine ambulant betreute Wohngruppe gründen?

Die Idee, die für die Aufnahme ambulant betreuter Wohngruppen in das Gesetz zur sozialen Pflegeversicherung Pate stand, war ganz einfach. Mehrere Personen schließen sich zusammen und gründen eine Wohngruppe mit dem Ziel, sich gegenseitig zu unterstützen. Dabei müssen nicht alle Personen pflegebedürftig sein. Es genügt, wenn mindestens drei Personen der Wohngruppe mindestens Pflegegrad 1 haben. Und tatsächlich gibt es solche privat initiierten Wohngruppen.

Weitaus häufiger sind aber ambulant betreute Wohngruppen, die von einem professionellen Anbieter gegründet wurden. Das können z. B. ambulante Pflegedienste sein, ambulante Betreuungsdienste oder auch bislang vollstationäre Pflegeeinrichtungen. Letztere sind übrigens der Hauptgrund, aus dem im Gesetz die eingeschränkte Inanspruchnahme der Tagespflege für Bewohner ambulant betreuter Wohngruppen aufgenommen wurde.

Wie finde ich die richtige Wohngruppe?

Am einfachsten ist es, wenn Sie gemeinsam mit Personen, zu denen Sie seit vielen Jahren ein vertrautes Verhältnis haben, eine solche Wohngruppe gründen. Das ist leider nicht immer möglich.

Dann hilft Ihnen diese kleine Checkliste, um eine geeignete ambulant betreute Wohngruppe zu finden:

Checkliste: Ambulant betreute Wohngruppe finden

Meine Fragen		Erwünschte Antwort
Wie viele Personen leben in der Wohngemeinschaft?		die für Sie akzeptable Anzahl, maximal jedoch zwölf Personen
Wie viele dieser Personen haben einen Pflegegrad?		zusätzlich zu Ihnen mindestens zwei weitere Personen
Ist die Wohnung/das Haus barrierefrei?		Ja
Hätte ich ein eigenes Zimmer bzw. würde ich mit meinem Partner ein eigenes Zimmer bewohnen?		Ja
Kann ich das Zimmer selbst einrichten (z. B. Möbel, Teppiche, Gardinen)?		Ja
Sind die Bäder (Gemeinschaftsbäder oder die den Bewohnerzimmern zugehörigen) barrierefrei?		Ja
Komme ich aus der Wohnung/dem Haus problemlos ins Freie, z. B. auf eine Terrasse, in einen Garten?		Ja
Bestimmen die Bewohnerinnen und Bewohner gemeinsam, wer in die Wohngruppe aufgenommen wird?		Ja
Gibt es schriftliche Vereinbarungen, wer für was zuständig ist?		Ja
Können Angehörige jederzeit zu Besuch kommen oder bei Bedarf bei der Pflege, Hauswirtschaft helfen?		Ja
Dürfen Bewohner, die schwerstpflegebedürftig werden (Pflegegrade 4 und 5) bis zu ihrem Tod in der Wohngruppe leben, falls sie das wünschen?		Ja
Komme ich mit der ggf. bereits beauftragten Präsenzkraft klar?		Ja

Meine Fragen		Erwünschte Antwort
Kann ich selbst bestimmen, ob und welchen Pflegedienst ich in Anspruch nehme?		Ja
Gibt es im Mietvertrag eine Kündigungsklausel, wenn ich nicht den Pflegedienst in Anspruch nehme, der die Wohngruppe gegründet hat?		Nein

Diese Checkliste kann Ihnen die Entscheidung zwar erleichtern, aber nicht abnehmen. Letzten Endes entscheiden Ihre persönlichen Wünsche und der Eindruck, den die ggf. bereits vorhandenen Bewohnerinnen und Bewohner auf Sie machen.

Stichwortverzeichnis

12

12